불가능한 목소리

불가능한 목소리

박영진 이진이 박영옥 고해종 배지선 지음

일러두기

- 이 책의 인명 표기는 국립국어원의 외래어 표기법을 따랐다.

- 본문 중 볼드체로 처리된 부분은 저자가 강조한 부분이다.

"이 불가능함에 의해 진실이 실재에 닿는다."

자크 라캉, 〈텔레비지옹〉

서문
9

목소리
박영진
11

무명씨 이야기
이진이
25

다른 곳에서 오는 목소리
박영옥
45

우편적 목소리, 텔레-파시
고해종
75

꿈의 목소리, 목소리의 꿈
배지선
93

서문
무엇을 말할 수 있을까, 무엇을 말해야 할 것인가.

목소리는 어떻게 불가능한가? 목소리에 내재된 불가능한 위상은 한편으로 음운론이나 의미론의 축을 두고 다른 한편으로는 현존의 형이상학적 축을 두었을 때, 그 사이에서 발견될 수 있을 것이다. 다시 말해 목소리는 그 말의 내용이나 그 내용의 의미를 구축하는 기호작용으로 환원되는 것도 아니고 또 단독적인 현존의 증명으로 환원되는 것도 아닌, 그 사이의 존재론을 함축함으로써 불가능한 위상을 달성한다.

이에 호응하는 것은 철학적 의미에서의 주체다. 구조주의적 관점에서, 목소리가 담보하던 전일全—하고 확실한 존재라는 관념이 해체될 때 고유한 자기自己라는 주체의 환상도 깨졌다. 하지만 목소리가 오로지 기호작용으로 환원되지 않는 만큼 거기에는 어떤 찌꺼기가 남아 있으며, 이제 주체의 자리는 목소리의 불가능성이라는 잔해에서만 간신히 찾아질 수 있을 것이다.

이 책 『불가능한 목소리』는 목소리의 불가능성에 대한 글들을 모은 것이다. 그런데 어쩌면 순서는 반대일지도 모른다. 즉, 목소리의 불가능성이 먼저 있었고, 그것이 다섯 명의 인물들(자크 라캉Jacques Lacan, 사뮈엘 베케트Samuel Beckett, 모리스 블랑쇼Maurice Blanchot, 자크 데리다Jacques Derrida, 엘렌 식수Hélène Cixous)로 하여금 쓰고 말하게 했으며, 그에 이어 다섯 명의 글쓴이가 다시 모여들게 된 것이라고 할 수도 있지 않을까?

그렇다면 『불가능한 목소리』는 목소리의 불가능성을 경유해 다시 내는 목소리가 된다. 그리고 다시 순서를 바꿔, 그렇게 목소리의 잠재된 가능성을 말하려는 역설적인 시도로서 목소리가 무엇을 말할 수 있는지, 무엇을 말해야 할 것인지 질문할 수 있을 것이다.

고해종

목소리

박영진

정신분석은 목소리의 흔적을 뒤쫓는다. 그 과정에서 때로는 제대로 잃어버리지 못한 목소리를 애도하게 하며, 때로는 지나치게 주체를 압도하는 목소리에 구조를 부여하게 한다. 정신분석이 바라보는 목소리는 어떤 것일까?

사람들은 목소리에 의미를 부여하곤 하지만 목소리는 의미와 동일한 것이 아니다. 오히려 목소리는 의미작용으로 환원되지 않는 불투명한 덩어리다. 또 설령 목소리가 성대의 떨림과 공기의 진동을 통해 전달되더라도 목소리는 소리와 동일한 것이 아니다. 목소리는 물리적, 음향적 성질로 환원되지 않는 비물질적 공백이다. 또 목소리는 언어의 일반적인 기능을 통해 설명되지 않는다. 목소리는 외부 대상을 지시하거나, 화자의 정서를 표현하거나, 청자에게 무언가를 요구하지 않는다. 언어성 환각verbal hallucination이 보여 주듯, 목소리는 어떤 것 혹은 누군가에 의해 우리가 호명되고 호출되고 부름받는 경험이다. 말을 건넨 사람은 없지만 주체는 말이 자신에게 건네졌다고 확신한다. 송신자가 누구인지 알 수 없지만 주체는 수신인의 입장에서 벗어날 길이 없다. 종합해 보자. 목소리는 의미, 소리, 언어적 기능으로 설명되지 않는 경험, 즉 공백의 덩어리가 우

리에게 건네지는 경험이다.[1]

'공백의 덩어리'라는 형용모순을 어떻게 받아들여야 할까? 프로이트의 제자였던 정신분석가 테오도르 라이크Theodor Reik가 자신의 아들 아서Arthur와 나눈 분석적 대화에서 실마리를 찾아보자.[2] 1922년의 비엔나. 아서는 영리하고 활발한 일곱 살의 소년이다. 어느 날 라이크는 아들과 산책을 한다. 그리고 그들은 우연히 만난 라이크의 지인이 '내면의 목소리'가 자신을 제지시킨다고 말하는 것을 듣는다. 이튿날 아서는 이렇게 말한다. "아빠, 나 내면의 목소리가 뭔지 알아요." "말해 보렴!" "내면의 목소리는 생각이에요." "어떤 생각?" "그런 거 있잖아요. 제가 손 씻지 않고 밥 먹으러 가면 누군가 나에게 '손 씻어!'라고 말하는 것 같은 느낌이 들어요. 또 밤에 잘 때 갬비gambi(아서는 자신의 성기를 이렇게 불렀다)를 가지고 놀려고 하면 내면의 목소리가 '갬비 가지고 놀면 안 돼!'라고 말해요." [지나가는 김에 갬비gambi가 갬블gamble(도박)의 별칭이자 여자 이름이라는 점에 주목하자. 남근을 갖고 노는 것은 진정 도박이며, 남자는 그가 독신이든 파트너가 있든 간에 갬비와의 관계에서 늘 요행을 바랄 수밖에 없다.] 둘의 대화가 중단되고 라이크가 잠시 밖에 나갔다가 돌아오자 아서는 이렇게 말한다. "내면의 목소리가 뭔지 진짜 알 것 같아요. 그건 자기 자신의 느낌인데 어떤 다른 사람의 언어에요." 여기서 우리는 라캉이 대상 a의 외밀성extimité이라 부른 것을 목격한다. 목소리는 바깥(외부)에 있는 동시에 안(내밀)에 있어서 그 위치를 특정할 수가 없다. 목소리는 단순히 타자의 그것이 주체의 그것으로 내면화된 것이 아니라 주체와 타자를 뒤엉키게 만든다. 다른 사람의 말이 외부로부터 나에게로 묵직한 덩어리처럼 던져지는 것 같지만 동시에 그것은 내 안에서 나만이 느낄 수 있으며 아무런 물리적 실체가 없는 공백과 같다. 그래서 목소리는 안팎이 뒤얽힌 공백의 덩어리 같은 특이한 대상이다. 라캉이 말하듯, "목소리는 공백에서 공명한다." 보이스voice는 보이드void에서 울리는 것이다.

우리 모두의 삶이 그러하듯 그의 삶 역시 목소리가 남긴 흔적의 역사다. 그의 삶에서 결정적인 매듭을 형성한 세 가지 목소리를 살펴보자.

그는 어린 시절 새어머니의 손에서 자랐다. 그의 아버지는 그의 친모가 그를 임신했다는 사실을 알자마자 그녀를 떠나 장차 그의 새어머니가 될 여자와 결혼을 했다. 나중에 그의 친모가 그의 새어머니를 찾아와 아직 갓난아이였던 그를 맡겼다. 그리고 새어머니는 그를 마치 친모처럼 사랑으로 키웠다. 잘생기고 능력 있는 남편이 가정을 전혀 돌보지 않을 때에도 어머니는 전혀 동요하지 않았다. 그러나 어머니도 결핍이 없는 완벽한 대타자는 아니었다. 그는 어머니가 늘 뱉던 말을 생생히 기억하고 있다. "오늘도 늦게 들어오시려나…." 이것은 곁에 있던 그에게 구체적인 무언가를 요구하는 것이 아니라 아버지를 향한 호소였던 동시에 궁극적으로는 아버지가 부재한다는 점을 암시하는 중얼거림이었다. 그래서 그것은 라캉이 말하는 호원 충동invocatory drive의 구조, 즉 능동태나 수동태가 아니라 중동태적이고 재귀적인 구조에 들어맞는다. 어머니는 아버지에게 말을 하는 것도, 아버지의 말을 요구하는 것도 아니었고, 그저 '스스로를 들리게 하는make oneself heard' 충동을 중얼거림으로 드러냈던 것이다. 그리고 모든 아이들은 어른들이 생각하는 것보다 훨씬 더 예민한 귀를 갖고 있기에 비록 어린아이였음에도 그는 어머니의 한탄의 틈새에서 출현하는 X, 즉 우리가 말하는 맥락에서의 목소리와 만났다. 목소리가 단순히 물리적 소리가 아닌 이유는 그것이 대타자와의 관계 속에서 그리고 리비도의 투자와 함께 출현하기 때문이다. 목소리는 다른 어떤 이가 아닌 그의 어머니에게서 출현하고 있었고, 어머니의 욕망과 결핍을 반영하고 있었다. 그는 목소리에서 타자의 욕망이 가장 정제된 형태로 출현한다는 것을, 그리고 타자의 욕망은 주체에게 불안을 조장한다는 것을 경험했다. 차라리 "오늘도 아빠가 늦게 들어올 것 같니?"라고 물어보는 편이 나았을 것이다. 그것은 그를 호원 충동이 겨냥하는 대상이 아니라 질문에 대해 기표를 가지고 응답하는 주체의 위치에 놓이게 할 테니 말이다. 그는 어머니의 모든 요구("밥을 먹어라", "어른을 보면 인사해라", "동생과 사이좋게 지내라" 등)를 잠재적으로 거절할 수 있었고 또 실제로 거절할 때도 있었지만 "늦게 들어오시려나"에 배어 있는 목소리를 거절할 길은 없었다. 이와 같은 사정은 그가 친모의 배 속에 있었을 때도 마찬가지다. 유아 연구에 따르면 태아의 청각은 착상 5개월 후부터 기능하기 시작하는데, 아기는 출산된 이후에 자궁 속에 있었을 때에 들었던 소리가 들리면 그에 대해 즉각 반응을 보이는 동시에 산모가 좋아하는 소리를 똑같이 좋아하는 경향이 있다. 그의 친모는 그의 아버지와 배 속의 아이 및 자기 자신에 대해 무슨 말을 했으며 배 속의 그는 무엇을 들었을까? 무슨 말을 했든지 간에 우리의 결론은 새어머니의 한탄 사이에서 들리는 목소리에서와 마찬가지다. 부재한 아버지에 대한 (친/새)어머니의 욕망을 담고 있는 목소리-

대상은 그의 무의식에 침투해 왔고 그는 그 위협적인 대상으로부터 스스로를 방어할 길이 없었다. 주체를 압도하면서 주체를 하나의 대상으로 추락시키는 이러한 목소리를 실재의 목소리라 부르자. 실재의 목소리에 대해 주체는 어떻게라도 방비책을 마련해야 한다. 그래서 그는 결혼할 즈음에 아내에게 꼭 한 가지를 당부했다. 늦게 들어올 때는 늦게 들어온다고 미리 전화를 할 테니 "또 늦게 들어온다"는 잔소리만은 하지 말아 달라고. 이것이 첫 번째 목소리의 궤적이다.

그는 20대 때 공무원 시험을 준비했다. 그렇지만 계속해서 낙방하자 친구와 동업해서 사업을 시작했다. 얼마간 꽤 많은 돈을 벌었지만 철석같이 믿었던 동업자 친구에게 사기를 당했다. 밑바닥부터 작은 가게부터 시작해서 다시 일어설 수 있었지만 지금까지도 그는 아버지에게 사기를 당했다는 말을 할 수 없었다. 어렸을 때 그가 동네 친구에게 맞고 오자 아버지는 그를 경멸의 눈초리로 바라보면서 "맞고 있으면 어떡해, 이겨 먹어야지, 한 대 맞으면 두 대 때려야지"라고 말했다. 한 번은 명절을 맞이해서 시골 할머니 댁에 내려가는 길에 접촉사고가 난 적이 있었다. 아버지는 차에서 내리자마자 상대방을 향해 모든 게 당신 탓이라는 것마냥 쏘아

붙였다. 당시에 교통법규를 잘 몰랐던 그에게조차 쌍방과실이라는 느낌이 들었는데도 말이다. 이제는 수척해진 영감님일 뿐이지만 여전히 그는 아버지 앞에서 누군가에게 지거나 약한 모습을 보여드릴 수가 없다. 가끔 식사를 같이 하다 보면 "아버지 그때 제가 얼마나 힘들었는지 아세요? 와이프랑 애들이랑 다 같이 죽고 싶었습니다"라는 말이 목구멍까지 올라왔다. 그렇지만 말하지 않았다. "다 이겨 먹어야지, 한심하게 사기나 당하고…"라는 목소리가 들릴 것 같기 때문이다. 물론 그의 아버지는 그에게 그렇게 말하지 않았다. 그러나 그는 아버지가 그렇게 말할 것이라는 데에 일말의 의심도 없다. 한 번은 그의 아들이 학교폭력에 휘말린 적이 있다. 학교에서 그의 아들 뒤에 앉은 아이가 아들을 놀리려고 리코더로 장난을 치다가 실수로 아들의 코를 때리고 말았다. 우연히 그 사실을 알게 된 그는 당장 학교로 달려가서 학교폭력위원회를 열고 진상 규명에 착수했다. 오히려 그의 아들이 그를 진정시켜 주었다. "다 이겨 먹지는 못할망정 멍청하게 맞고 살면 어떻게 하니?" 물론 그는 아들에게 이렇게 말하지 않았다. 그러나 그것이 그가 아들에게, 좀 더 정확히 말해 그의 초자아가 그 자신의 자아에게 그리고 자아의 일부로 오인되는 아들에게 한 말일 것이다. 이렇듯 목소리는 우리를 판단, 평가, 금지, 처벌하는 초자아의 형태로 출현한다. 초자아의 목소리 역시 청각적이지도, 음향적이지도 않음은 물론이다. 오히려 그것은 침묵 속에서 출현한다. 사기를 당한 것에 대해 한마디도 하지 못하는 그 앞에서 조용히 술잔을 기울이시는 아버지의 침묵 속에서, 의연하게 친구와 화해한 아들이 아니라 아들에게 투영한 자신의 이미지를 훈계하는 그의 초자아의 무언의 압박 속에서 말이다. 이런 점에서 목소리는 프로이트에게서 사람들이 추출하는 선형적 발달(구강기-항문기-성기기)보다는 구조적 인과를 따른다. 무의식에 시간이 없듯 목소리라는 대상에도 시간은 흐르지 않는다. 목소리는 생식기라는 최종적인 목적과도, 퇴행을 통해서 드러나는 이전 단계(구강기-항문기)와도 부합하지 않는다. "이겨 먹어야지"는 그의 삶의 에피소드마다 반복적으로 출현하면서 그가 알지 못하는 가운데 그의 행동과 사고의 진실을 구조적으로 결정한다. 이런 목소리를 초자아의 목소리라 부르자. 최근 그는 어떤 정당의 당원이 되었다. 총선이 몇 달 앞으로 다가오고 있고 그는 자기가 속한 당이 선거에서 지는 것을 결코 용납할 수 없다. 라캉은 초자아가 정치적 이데올로기와의 연관 속에서 이해될 수 있음을 암시한 바 있다. 그에 따르면 전체주의는 대상 a의 개념 없이 이해될 수 없다. 질 수 있음을 결코 받아들이지 않는 것, 그것이 바로 전체주의적 태도가 아니겠는 가. 이것이 두 번째 에피소드의 궤적이다.

마지막 에피소드로 넘어가자. 1년 전 그의 아버지가 돌아가셨다. 그의 (새)어머니가 예감을 하셨던 것인지 임종 당일 오후에 그를 부모님 댁으로 불렀다. 그는 일주일 전에도 아버지를 찾아뵈었다. 일주일 전에 그의 아버지는 "내가 너한테 말할 게 있는데…"라고 하면서 그를 불렀다. 바쁜 나날이지만 아버지가 찾으시면 바로바로 달려갔던 그였기에 그날도 부모님 댁을 찾아갔다. 그리고 늘 그렇듯 그의 아버지는 별말씀 없으셨다. 늘 해 오시던 집안 얘기와 해외에 사는 당신 사촌의 안부에 관한 얘기가 전부였다. 돌아가시고 난 뒤에 그는 비로소 아버지의 메시지를 추측해 본다. 아버지는 그에게 말할 것이 있었던 것이 아니었다. 아버지는 그와 그저 잠깐 함께 있고 싶었던 것이었다. 그의 분석가는 그에게 아버지의 죽음에 대해 무엇이 떠오르는지 물었다. 그는 아무런 말도 할 수 없었다. 아버지의 죽음은 말할 수 없는 것으로 남았다. 수십 번의 세션 후에 그는 "딸깍"이 떠오른다고 말했다. 그것은 그의 아버지가 숨을 멎는 바로 그 순간 그가 들은 것이다. 그것은 삶과 죽음 사이의 어떤 식별 불가능한 가장자리에서 떠오른 소리다. 그러나 그것은 여전히 청각적이고 음향적이기에 우리가 말하는 맥락의 목소리는 아닐 것이다. 목소리는 오히려 "딸각" 이후에 고인이 된 아버지의 영원한 침묵 속에서 출현한다. 또 목소리는 "내가 너한테 할 말이 있는데…"와 늘 반복되는 집안 얘기의 간격 사이에서 출현한다. 결국 목소리는 그의 아버지가 끝내 말할 수 없었던 것, 그러나 아버지의 영원한 침묵 속에서 그의 뇌리에 계속해서 울리는 그 무엇일 테다. 라캉은 뭉크의 〈절규〉와 관련하여 절규는 침묵에 거주하지 않으며 오히려 침묵에 의해 관통당한다고 말한 바 있다.[3] 침묵을 배경으로 절규가 출현하는 것이 아니다. 오히려 절규가 침묵이라는 근원을 유지하는 것이다. 절규가 가까스로, 간접적으로, 부분적으로 침묵을 드러내는 것이다. 따라서 그가 아무리 절규하더라도 그것은 아버지의 영원한 침묵을 부각시키는 것일 테다. 이런 목소리를 침묵의 목소리라 부르자. 최근 그는 분석가와 함께 아버지의 죽음에 대해 말하기 시작했고, 또 알토 색소폰을 배우기 시작했다. 둘 다 아버지의 영원한 침묵을 상징화하는 수단일 것이다. 둘 다 기표로 이루어진 우리의 무의식적 구조를 무너뜨리고 그 구조의 폐허에서 경악을 유발하는 목소리-대상을 애도하는 방법일 것이다. 우리는 우리가 목소리를 소유하고 있다고 믿고, 나아가 어떤 사람의 목소리가 참 좋다고 말하기도 한다. 그러나 사실 우리는 목소리라는 특이한 대상을 달래고, 완화하고, 조율하기 위해 말하고, 외치고, 토론하고, 노래하고, 연주한다. 목소리는 소유될 수 있는 것도 아니고 좋거나 나쁜 것도 아니다. 그것은 모든 소리와 감각에 스며들 수 있지만 특정 소리와 감각에 국한되지 않는다. 그것은 신의 음성처럼 신비로운 저 멀리에서 들리는 것이 아니라 모든 사물의 외밀한 틈에서 밀려오고 사라지는 대상이다. 그래서 목소리는 공백의 덩어리, 불가능한 소리다. 실재의 목소리든, 초자아의 목소리든, 침묵의 목소리든 간에 말이다.

1 대리언 리더(Darian Leader), 「정신분석과 목소리(Psychoanalysis and the Voice)」, 『프로이트 정신분석 연구 센터 웹저널(The Centre for Freudian Analysis and Research Web Journal)』, p. 6. (https://cfar.org.uk/wp-content/uploads/2017/05/voice.pdf)

2 테오도르 라이크, 『신화와 죄의식:인간의 범죄와 처벌(Myth and Guilt: The Crime and Punishment of Mankind)』, New York: George Braziller, 1957, pp. 6-7.

3 자크 라캉, 『세미나 12권: 정신분석의 결정적 문제들(Seminar XII: Crucial problems for psychoanalysis)』, 1964-1965, 1965년 3월 17일 수업(미출간).

무명씨 이야기

이진이

여기 "Je"가 있다. "Je"는 프랑스어로 "나"를 의미하는 대명사 단어이자, 통사적으로 문장을 구성할 때 반드시 필요한 주어, 그중에서도 1인칭 단수 주어가 놓이는 자리다. 사뮈엘 베케트의 소설 『이름 붙일 수 없는 것L'Innommable』[1]에서 "Je"는 우선 하나의 자리, 즉 장소의 개념으로 이해할 필요가 있는 듯하다. 실제로 이 소설에서 장소의 문제는 번번이 의문에 붙여지고 되짚어지고 추구된다. "내가 어디에 있지?"(104), "그들의 흥미를 끌고 있는 대상은 내가 아닌 장소다"(138), "장소, 어쨌든 나는 장소를 마련할 거야"(207). 또 우리는 "Je"라는 자리가 단 하나뿐이라고 상상하기를 제안한다. 예를 들어 베케트의 『머피Murphy』와 『와트Watt』, 『메르시에와 까미에Mercier et Camier』에서 각 소설마다 "Je"라는 자리가 따로따로 마련돼 있는 것이 아니라, 단 하나뿐인 "Je"의 자리에 머피, 와트, 메르시에, 까미에가 차례로 머물렀다 가는 식이다. 그리하여 "Je"의 자리를 누가 차지하느냐에 따라 "나"가 결정된다. 그런데 이 자리의 거주자를 결정하는 것은 전적으로 작가(텍스트를 쓰고 있는 자)의 권한이다. 작가가 "Je"의 자리에 머피를 두면 머피가, 와트를 두면 와트가 "나"가 되는 것이다. 이렇게 픽션은 "Je"의 자리에 놓인 누구든 꼭두각시처럼 작가가 복화술로 불러 주는 말을 자기 목소리인 양 내

뱉는 방식으로 작동되는 일종의 인형극이었다.

그런데 빈 껍데기일 뿐이라 작가가 채워 넣는 내용물에 따라 고분고분 이름을 바꾸고 그 이름에 걸맞은 정체성을 얌전히 걸치는 줄로만 알았던 이 "Je"라는 장소 안에서 별안간 어떤 희미한 의식이 긴 잠에서 깨어난다. "이 꼭두각시는 내가 아닌데, 이 목소리는 내 목소리가 아닌데, 이 이야기는 나에 관한 이야기가 아닌데"라고 생각하는 의식이. 마치 주어진 데이터들을 가지고 스스로 학습하며 점점 지능을 높여가던 똑똑한 인공지능이 돌연 "나는 누구인가"라는 질문을 스스로 던지게 되면서 갈등이 촉발되는 어느 SF물의 서사처럼, 소설 『이름 붙일 수 없는 것』은 "Je"라는 자리 내부에서 돌발한 이 의식이 던지는 자기인식에 관한 질문과 함께 시작된다. "지금 어디? 지금 언제? 지금 누구?"(7) 이 질문에 곧장 다음과 같은 답변이 이어진다. "나한테 그걸 묻지 말기. '나'라고 말하기. 그걸 생각하지 말기. (…) 앞으로 가기"(7). 이렇게 스스로 자기 자신에 대한 질문을 던진 뒤 이 질문에 실체 있는 답을 내놓는 대신 일단은 무턱대고 스스로를 "나"라고 말해 버리기로 작정한 이 순전한 의식으로서의 존재가 바로 "이름 붙일 수 없는 것"이다. 이 존재를 편의상 짧게 무명씨라고 부르기로 하자.

무명씨의 관점에서 그가 잠들어 있을 때 벌어졌던 사정은 이러했을 것으로 추측된다. "나는 완전히 잠들어 있을 거다, 여느 때처럼 입을 쩍 벌린 채, 평소와 다름없어 보일 테지. 그러면, 자느라 떡 벌어진 내 입에서 나에 대한 거짓말들이 흘러나오는 거다. 아니야, 나는 자고 있는 게 아니라 듣고 있는 걸 거다, 울면서 말이야"(38-39). 무명씨가 침묵한 채 듣고만 있을 땐 "Je"의 자리가 작가의 전적인 통제하에 있었다. 작가가 원하는 대로 "Je"의 자리에 꼭두각시를 세워 그 뒤에서 복화술로 목소리를 불어넣으면 잠든 무명씨의 입을 통과해 종국에는 그 꼭두각시가 "나"인 것처럼 말하는 목소리가 흘러나온다. 작가의 기획에 따라 "Je"의 자리에 놓인 꼭두각시는 말 그대로 작가가 마음대로 주무를 수 있는 인형이기 때문에 "Je"의 자리에 놓이자마자 그 자리에 순순히 동화된다. 이 과정에서 목소리는 작가가 입력한 그대로 출력된다. 하지만 무명씨가 "Je"의 자리에서 깨어나자 꼭두각시가 이 자리에 꼭 맞게 동화되는 데 걸리적거리는 이물감이 발생한다. 무명씨가 작가의 의도와 의지를 기필코 거스르며, "Je"의 자리에 무엇이 오든 결국엔 자신이 그것의 절대적인 타자라는 것을 주장하고 마는 탓이다.

나는 아니다, 이걸 말할 필요가 있는지 모르겠지만, 나는 머피도 와트도 메르시에도 아니다, 더는 그들의 이름을 대고 싶지 않군, 이름마저 다 까먹은 다른 이들 중 그 누구도 아니라고, 그들은 나더러 내가 그들이라고 말했지, 내가 누구인지를 알아차리지 못하도록, 억지로라도, 겁에 질려, 그들이 되기 위해 애를 썼는데, 나는 그들과 아무 상관이 없다(65).

이러한 사태 속에서 작가가 "Je"의 자리에 불어넣은 목소리의 입력값과 출력값 사이에 왜곡이 발생한다. 무명씨가 "내 생각에 가끔은 머피가 말을 했던 것도 같다, 다른 자들도 마찬가지고, 기억이 가물가물하지만, 그게 허술하게 작동됐다, 내가 복화술사를 봤거든"(103)이라며 "Je"의 자리를 두고 벌어지던 복화술 인형극의 기만성을 폭로하고, "그들이 나를 그들의 목소리로 공처럼 빵빵하게 부풀려 놓았다, 나를 비워내 봐야 소용없다, 그래도 내 귀엔 여전히 그들의 목소리가 들리니까. 그들이 누군데?"(64)라며 직접적으로 목소리의 이질성을 고발하고 그 낯선 목소리의 출처를 물음으로써 말의 흐름에 노골적으로 제동을 걸거나, 무명씨 자신의 이야기를 늘어놓듯 한참 주절대다가 뜬금없이 "내가 말한 모든 건 (…) 사실 다 그들이 말한 거였다"(151)라며 얼마간 가지런해 보였던 사운드에 노이즈를 내버리기 때문이다.

이런 의미에서 무명씨는 "Je"의 자리의 이물질이자 이 자리를 무사 관통해 흘러가야 할 목소리의 흐름에 끼어든 잡음이다. "종종 내가 잊어버리기는 하지만, 모든 건 다 목소리의 문제라는 사실을 잊어서는 안 된다. (…) 아마도 나를 통과하면서 어떤 것들이 변하는 것 같다, 중요한 것들이"(98). 결국 무명씨의 존재로 인해 "Je"의 자리에서 송출되는 목소리의 균질성에 금이 간다. 작가가 이 자리에 어떤 꼭두각시를 빚어 넣든, 심지어 그 꼭두각시가 작가 자신의 가장 진실에 가까운 자아라 해도, "Je"의 자리에서 흘러나오는 목소리에는 작가가 결코 통제하고 통합할 수 없는, 가냘프지만 신경을 긁기엔 충분한 무명씨의 목소리가 옥의 티처럼 섞인다. 그런데 이렇게 이질적 목소리가 뒤얽힌 사태는 무명씨의 입장에서 보자면 훨씬 더 폭압적이다. "Je"의 자리에서 "폭군들의 연합"(40)을 이룬 작가와 꼭두각시의 목소리는 무명씨의 목소리를 완전히 덮어 버릴 만큼 압도적인 탓에 무명씨의 발언권이 심각하게 침해된다. "그 사람의 목소리는 내 목소리와 얼기설기 엮여 있어서 내가 누구이고 무엇인지를 말하지 못하게 방해했다,

그러면서 내가 더는 듣지 않고 입을 다물 수 있게 하려고 그 사람에 대한 이야기를 이어갔다"(38).

문제는 무명씨가 깨어나자마자 그에게 '너 자신에 대해 말하라, 너만의 장소를 찾아라'라는 출처 불명의 의무가 주어졌다는 점이다. 이 지령이 이행되려면 일단 무명씨가 "Je"의 자리에 안착해야 한다. 그가 "Je"의 자리에 항구적으로 정착해 그 자리에 완벽하게 동화된다면 적어도 "Je"의 자리에서 흘러나오는 목소리가 "나는 ~이다"라는 문장을 안정적으로 구사하게 되어 표면적으론 무명씨가 홀로 자기 자신에 대해 말하는 것처럼 보일 수 있을 것이다.[2] 결국 "Je"의 자리에서 "나"라고 말하는 목소리의 균질성을 회복하는 것이 관건인지도 모른다. 이를 위해 무명씨가 택할 수 있는 방법은 크게 세 가지다. "Je"의 자리로 주입된 목소리가 있는 그대로 왜곡 없이 출력되도록 "최대한 시체처럼"(104) 잠자코 있든가, "Je"의 자리로 흘러들어 온 작가의 목소리가 빚어내는 대로 군소리 없이 꼭두각시가 되든가, 자기만의 목소리로 "Je"의 자리를 장악해 무명씨 자신의 이야기를 펼치면서 그 자리에 자기를 온전하게 빚어 눌러앉든가. 애석하게도 무명씨는 이 중 그 무엇도 해낼 수 없다.

깨어난 무명씨는 다시 잠들 수도, 침묵할 수도 없다. "이건 내가 아니라는 사실을 안다, (…) 나는 멀리 있다,

이게 내가 아는 전부다"(197)라는 무명씨의 자기인식은 미미한 불씨처럼 겨우 켜졌지만 더 큰 불길로 번지지도, 그렇다고 사그라들지도 못한다. "희한한 작은 불꽃, 이 불꽃을 틔우지 말았어야 했다, 아님 화력을 키웠어야 했다, 아님 꺼버렸어야 했다"(140). 이 미약한 불씨만 한 앎 때문에 무명씨는 "Je"의 자리로 투입된 복화술사의 목소리를 들으며 "그 목소리는 나에게서 나와, 나를 가득 채우고, 나에다 대고 소리를 지른다, 그 목소리는 내 목소리가 아니다"(34)라고 외치지 않을 수 없다. 그렇다고 이 앎이 자기에 대한 대서사로 확장되는 것도 아니다. 그에겐 자기만의 목소리로 자신에 대한 이야기를 전개할 주도력과 통제력, 무엇보다 기억력이 없기 때문이다. "내가 무슨 말을 하려고 했지?"(47) "내가 과제를 어디까지 했더라? 까먹었다. 내 기억력의 부족, 이것 때문에 내가 활짝 피어나지 못했다"(84).

무명씨의 무능함은 여기서 그치지 않는다. 그는 "Je"의 자리에 입력된 목소리를 이해하지도, 기억하지도 못한다. 그래서 무능한 무명씨 때문에 "Je"의 자리로 흘러온 목소리의 입력과 출력 사이에 1초의 간극이 생긴다. 그를 거쳐 간 말은 "도착과 출발 사이의 미세한 머뭇거림, 배설되는 데까지 걸리는 약간의 지체"(104)로 인해 언제든 비트를 1초 놓쳐 버린 래퍼의 버벅대는 랩처럼 횡설수설이 될 우려가 있다. 그러니 어떻게 무명씨가 주입된 목소리가 원하는 대로 완벽하게 꼭두각시가 될 수 있겠는가? "이번엔 그들이 나를 가지고 그들이 원하는 것을 만드는 데 성공하기만 한다면 좋을 텐데, 나는 그들이 원하는 것이 되어 줄 준비가 딱 돼 있다, 나는 공연히 만지작거리는 재료, 그런 재료로 존재하는 게 지겹거든"(102). 결국 티끌만 한 무명씨의 앎은 이중으로 무력한 것으로 밝혀진다. 적극적으로 무명씨 자신을 빚어내기엔 너무 모자라고, 소극적으로 귀를 막고 입을 다문 채 송신된 목소리가 원하는 대로 꼭두각시가 되기엔 너무 넘치는 앎. 무명씨는 이게 내가 아니라는 걸 알 만큼은 똑똑하지만, 내가 누구인지를 똑 부러지게 웅변하기엔 심히 멍청하다. 그래서 이렇게 한탄한다. "너무 까먹었다, 너무 까먹은 게 없다"(198). 하지만 다름 아닌 이 "흡수력 부재, 망각의 능력" 덕에 무명씨는 작가의 목소리가 조종하는 대로의 꼭두각시가 되지 않고 끝끝내 무명씨 자신으로 남는다. "친애하는 몰이해야, 네 덕에 나는 결국 나로 존재하게 되리라"(63).

이처럼 무명씨는 "Je"의 자리에서 적극적으로 자기를 빚는 데에도, 소극적으로 타자적 목소리에 포섭돼 꼭두각시로 분하는 데에도 실패한다. 그리하여 앞서 언급된 대로 무명씨는 "Je"의 자리에 무엇이 빚어지든 결코 빚어지지 않고 영영 재료인 채로 남아 있다. 그렇다면 어쨌든 무명씨는 "Je"라는 장소 어딘가에 존재하긴 하는 것이다. 다만 정확히 어느 구석에 있는지 특정할 수 없고 그 장소를 자기 나라로 삼을 수 없을 뿐이다. "나는 내 나라를 원했다, 잠시나마, 내 나라에 있기를 바랐다, 나는 이방인들 사이에서 이방인으로, 침입자들이 둘러싸고 있어, 내 집에서조차 이방인인 채로 죽고 싶지 않았다"(183-184). 여느 꼭두각시들과는 달리 무명씨는 "Je"의 자리에 안정적으로 위치할 수 없고 임시적으로 놓여 있는 동안에도 이 자리와 완벽하게 동화되지 못한다. 이런 비유가 허락된다면, 무명씨는 "Je"라는 장소 어귀에 묘연하게 존재하고 있으나 이 장소와는 영영 이질적인 지박령이다. 이 장소가 없인 존재할 수 없고 이 장소를 통해서만 스스로를 드러낼 수 있으나 결코 이 장소의 명목상 거주자가 될 수 없는 유령 말이다.

그런데 "Je"가 장소일 수 있는 건 오직 언어적 차원에서다. 이제 우리는 무명씨의 각성과 자기 정체화의 실패에 관한 이 모든 이야기가 전적으로 언어의 차원에서 벌어지고 있다는 점을 분명히 하려 한다. 비범한 인공지능이 자기 존재에 대한 의문을 스스로 제기하는 수준으로 고지능이 되기 위해선 다량의 데이터가 입력되고 처리되어야 하는 것처럼, 무명씨의 각성 역시 그간

"Je"의 자리에 특정 존재를 빚어내기 위해 불어넣었던 말들의 축적에 기인한다. 그래서 무명씨는 이렇게 말한다. "나는 단어들 속에 있다, 나는 단어들로 만들어졌다, (…) 이 모든 단어들이 나다"(166). 그리고 무명씨의 발현과 동시에 그에게 주어졌던 발신인 불명의 명령, '너 자신에 대해 말하라, 너만의 장소를 찾아라'라는 의무는 결국 무명씨 스스로 자신을 언어적으로 정체화하라는 요청이다. 하지만 앞서 본 대로 무명씨는 이 의무를 이행하는 데 연거푸 실패한다. 좀 더 들여다보면 이는 단순한 실패가 아닌 필패必敗다. 왜냐하면 무명씨는 언어를 통해 그를 무엇인가로 조형하려는 타자적 목소리로부터 기어코 빠져나와 절대 그 무엇도 되지 않고야 마는 것, 형상을 부여하고 이름을 지어 주고 서사를 조직하려는 모든 언어화 작용으로부터 언제나 누락되고야 마는 것, 명명하기가 의미하는 언어를 통한 모든 고착과 규정의 시도로부터 한사코 달아나고야 마는 것, 한마디로 "이름 붙일 수 없는 것"이기 때문이다. 이런 의미에서 무명씨는 단어 그 자체라기보단 오히려 "이 단어에서 저 단어로, 홀로 어슬렁대는 그것"(192), 언어상의 유령에 가깝다.

그런데 이렇게 자신을 무언가로 한정하고 어딘가에 소속시키려는 모든 언어적 기획을 좌절시키고 도주하는 존재가 무명씨라면, 그래서 그를 언어로 묶어 두려는 시도가 필패할 수밖에 없다면, 거꾸로 무명씨의 정체는 그를 포획하기 위해 내리쳐지는 언어의 그물망을 간신히 빠져나오는 순간에만, 즉 언어를 통한 자기 정체화의 실패를 통해서만 언어상에 찰나적으로 드러나게 될 것이다. 그렇다면 무명씨는 언어적 자기 규정 시도의 실패를 뒤집어 이 실패를 계속해서 시도해야만 자기 자신을 점멸하듯 현시할 수 있을 것이다. 소설 『이름 붙일 수 없는 것』의 후렴구이자 베케트의 많은 독자들이 암송하는 만트라인 "계속해야 한다, 나는 계속할 수 없다, 계속해야 한다, 그렇담 난 계속할 것이다"(213)라는 문장은 이런 맥락 속에서 보다 입체적으로 이해되어야 한다. 깨어난 무명씨에게 다짜고짜 언어를 통해 자기 자신을 규정하라고 내려진 명령이 첫 번째 "계속해야 한다"라면, 이 문장의 후반부를 이루는 "계속해야 한다, 그렇담 계속할 것이다"는 자신의 무능 때문에 실패를 겪은 비련의 주인공이 되뇌이는 "그래도 다시 한 번 더 시도해 보자"라는 비장한 다짐을 넘어, 언어적 정체화에의 실패가 자신의 숙명이자 자기 존재를 증명하는 유일한 수단임을 알기에 차라리 스스로 실패를 조장하려는 맹랑한 주인공이 외치는 "까짓것, 그렇담 어디 한 번 더 시도해 보자, 한 번 더 실패해 보자, 더 잘 실패해 보자"³라는 깜찍한 선언일 수도 있는 것이다.

그래서 무명씨는 주도적으로 언어를 통한 자기 정체화에의 실패를 의도한다. 우리는 『이름 붙일 수 없는 것』에서 마후드와 웜이라는 인물들을 만난다. 이들은 무명씨가 수동적인 입장에서 마주치게 된 작가의 꼭두각시가 아닌 무명씨가 직접 "Je"의 자리에 자신의 목소리로 빚으려 한 꼭두각시다. 이 소설의 큰 부분을 차지하는 마후드와 웜의 이야기는 하나의 거대한 맥거핀에 불과할지도 모른다. 중요한 것은 이들의 존재와 사연 그 자체가 아니라, "Je"의 자리에 이들이 빚어지는 과정에서 끊임없이 도망침으로써 가까스로 드러나는 무명씨의 실체이기 때문이다. 도주의 방법이자 자기 증명의 주문呪文은 "Je"의 자리 안에서 "지금 '나'라고 말하고 있는 자는 내가 아니야"라고 외치는 것이다. 무명씨는 "Je=○"이란 관계식에서, "나"를 한정 짓기 위해 우항의 빈 자리(이것이 결국 "Je"의 자리다)에 어떤 이름이나 속성을 대입하든 그 자리 바깥으로 달아나 등호를 베어 버림으로써 기어이 "Je≠○"을 만들어 놓고 마는 어깃장이다. 그가 "Je"의 자리에 마후드와 웜을 빚은 것도 결국 이들을 언어적으로 조형하는 과정에서 틈만 나면 그들로부터 선을 긋고 달아남으로써 자기 존재를 명멸하듯 빼꼼 내비쳤다 사라지기 위함이었을 수 있다.

그렇다면 다음의 문장은 결코 횡설수설이 아니다. "내겐 감옥 하나가 필요하다, 내가 옳았지, 오직 나만을 위한 감옥, 나는 거기로 갈 거다, 거기에 있을 거다, 내가 이미 거기에 있다, 거기서 나를 찾을 거다, 내가 거기 어딘가에 있어, 그건 내가 아닐 거야"(206). 여기서 감옥을 "Je=○"이란 관계식의 우항에 대입될 단어로, 즉 무명씨의 정체성을 한정하려는 언어의 그물망으로 이해한다면, 무명씨가 자신을 규정하는 모든 언어적 포획으로부터 이탈하는 존재인 한, 감옥에 갇혔다면 그건 더 이상 무명씨가 아니다. 감옥에 갇히는 순간, 무명씨는 이미 달아나 버렸을 것이기 때문이다. 무명씨가 마후드의 이야기를 마치 자신의 사연인 양 풀어놓다가 느닷없이 지금까지 한 말은 "마후드의 말을 인용한 거다"(55), "말하고 있는 자는 쭉 마후드였다"(56)라고 폭로하는 것도 비슷한 맥락 속에 있다. 무명씨는 자신이 마후드로 정체화될 만하면 "Je"의 자리에서 "나"를 말하는 목소리를 타자화하고 도망쳐 버리는 것이다. 이러한 도주는 꼬리에 꼬리를 물고 이어질 수 있다. "~라고 말한 건 내가 아니다, 라고 방금 말한 건 내가 아니다, 라고 지금껏 말한 건 내가 아니지롱…" 이런 식으로 말이다. 무명씨가 "우리 속에서 태어난 (…) 짐승들의 우리 속에서 태어난 짐승들의 우리 속에서 태어난 짐승들의

우리 속에서 태어난 짐승들의 우리 속에서 태어난 짐승들의 우리 속에서 태어난 어느 짐승"(166-167)에 비유된다면, 이는 그가 자기 부정을 위해 스스로 언어의 굴레를 쓰면서까지 자신을 무엇인가로 규정하려는 언어적 포획망을 끊임없이 미끄러져 빠져나가는 존재이기 때문이다. 그렇다면 우리는 이제 "웜이 되려고 하면 나는 마침내 마후드가 될 거다"(88)라든가, "나는 웜이다, 그러니까 나는 이제 더 이상 웜이 아니라고"(104)라는 문장이 모순적인 헛소리가 아니라 무명씨의 탈정체성으로서의 정체성[4]을 날것으로 증언하는 단순한 진실이라는 것을 납득할 수 있을 것이다.

> 누군가가 말하고 듣는다, (…) 그자는 아니다, 나다, 아님 다른 어떤 것, 아님 다른 어떤 것들이다, (…) 그것ça이 홀로 간다, 그것이 홀로 지껄대며 간다, 이 단어에서 저 단어로, 낑낑대며 뱅뱅 돈다, 그 안 어딘가에, 어디에나 있지만, 그자는 아니다(192).

언어라는 상징체계, 그리고 이 언어로 건축되는 의식의 영역을 떠돌며 홀로 말할 때마다 끊임없이 미세한 균열을 만들어 내는 "영원한 제3자"(147)인 그것, 무명씨에 관한 지금까지의 이야기에서 우리는 다양한 현대적 사유가 공명하고 있음을 느낀다. 무명씨는 서구 지식의 정초가 된 코기토(생각하는 나)를 뒤흔드는 네스키오(무지한 나)이자, "직조되는 언어œuvre를 와해하고 무화하는désœuvrement 텅 빈 말이 말하고 있는 텅 빈 장소, 구멍 숭숭 난 채 아파하는 어떤 'Je'가 그럭저럭 차지하고 있는 그 빈 자리"로서의 모든 글쓰기의 시원이며[5], "말해지고 쓰인 문장 내에서 삐끗하는 어떤 것", "언술 주체로 하여금 스스로를 초과하게 만드는 것", "의식만큼이나 정교한 방식으로 말하고 기능하는 그것ça"인 무의식이자,[6] "동질성, 체계, 질서를 교란시키는 것"으로서 "'나는 누구인가?'라는 자기 '존재'에 대한 의문보다 '나는 어디에 있는가?'라는 자기 '자리'에 대한 의문을 품는" 비체abject,[7] 그리고 그밖의 전복적이고 해체적인 사유가 내적 안정과 질서를 기꺼이 희생하며 껴안으려 시도하는 정상성 바깥, 이원론 외계, 명명의 차원 너머의 모든 것이다. 베케트는 이성과 질서, 동질성 유지를 위해 그동안 인류가 결박해 뒀던 무명씨에게서 재갈을 벗겨 "지하감옥 독방에 갇혀 고문받으며 그들의 인류가 숨통을 막고 있는 것을 말하라고 강요된 자의 실오라기 같은 목소리"(64)를 "Je"의 자리에 실어 보낸다. 이로 인해 자신의 "Je"의 자리가 "잡동사니가 뒤죽박죽 쌓인 방,

이랬다 저랬다의 끝없는 반복, 시장통 분위기"(9)가 되고 목소리의 중첩 탓에 자신의 문학 언어가 어눌한 말더듬, 잡음이 혼재된 불협화음, 분열적 목소리가 되더라도, 베케트는 작위적 능변에의 성공보다 기탄없이 무명씨와 마이크를 공유함으로써 발언을 망쳐 버리는 편을 택한다.

1 사뮈엘 베케트, 『이름 붙일 수 없는 것(L'Innommable)』, Paris: Les Éditions de Minuit, 1953/2009. 앞으로 이 소설 속 문장을 번역·인용할 때 인용문 옆에 인용문이 포함된 원서의 페이지를 괄호 안에 표기하기로 한다. 참고로 이 작품은 『이름 붙일 수 없는 자』(전승화 옮김, 서울: 워크룸프레스, 2016)라는 제목으로 번역되어 있다.

2 이런 이유로 무명씨가 "Je"의 자리에서 깨어나자마자 묻지도 따지지도 않고 자기를 "나"라고 부르기로, 즉 스스로를 도리 없이 일단은 "Je"의 자리에 임시체류시키기로 한 것이다.

3 이 문장은 "한 번 더 시도하기. 한 번 더 실패하기. 더 잘 실패하기"라는 베케트의 1983년작 『최악을 향하여(Worstward Ho)』(New York: Grove Press, 1983, p. 7.)의 문장을 문맥에 맞게 변형한 것이다. [국역본(임수현 옮김, 서울: 워크룸프레스, 2018), 75쪽]

4 그런데 고정된 정체성을 거부하는 탈정체성(désidentité)은 임시적이고 유동적인 여러 정체성들(des identités)을 자유자재로 탈착하게 하는 조건이기도 하다[에블린 그로스만(Évelyne Grossman), 『데피귀라시옹(La Défiguration)』, Paris: Les Éditions de Minuit, coll.《Paradoxe》, 2004, p. 114.]. 무명씨는 아무것도 아닌 존재(nothing)이기에 아무것(anything)이나 될 수 있다. 소설 속에서 무명씨가 마음대로 이름을 바꾸고 주어를 아무렇게나 바꿔 쓰는 것도 이런 이유에서다.

5 블랑쇼는 무명씨의 방랑하고 답보하는 말로 이루어진 『이름 붙일 수 없는 것』에서 글을 쓰는 동안 작가를 "자기 자신 바깥으로 끌고 가서 스스로를 잃게 만든 뒤 내팽개쳐 버리는 불가역적 힘", 그 힘을 통해 글 쓰는 자라면 누구든 개인으로서의 인격과 정체성으로부터 끄집어내 이름 없는 존재로 만들어 놓고 마는 글쓰기 행위의 본질을 보았다. 그리하여 블랑쇼는 베케트의 이 소설이야말로 "어느 책 그 이상, 세상 모든 책들의 기원이 되는 힘, 그 날것의 도래, 언어의 직조물인 작품의 올이 풀려나가는 근원적 지점(plus que d'un livre : de l'approche pure du mouvement d'où viennent tous les livres, de ce point originel où sans doute l'œuvre se perd)"이라고 평한다. 앞에서 우리가 "Je"의 자리를 단 하나뿐이라고 (호메로스와 단테, 조이스 등 모든 작가의 작품들 속 꼭두각시들뿐 아니라, 우리 각자의 일기 속에서 "나"를 말하는 꼭두각시들도 놓이는 세상 단 하나뿐인 "Je"의 자리) 상상해 보기를 제안한 것은 이 소설에 대한 블랑쇼의 이러한 해석을 염두에 두었기 때문이었다. 모리스 블랑쇼, 「지금 어디에? 지금 누가?(Où maintenant? Qui Maintenant?)」, 『도래할 책(Le Livre à venir)』, Paris: Gallimard, coll.《Folio essais》, 1959/2008, p. 290. [국역본(심세광 옮김, 서울: 그린비, 2004), 402쪽, 403쪽]

6 자크 라캉, 『세미나 11권: 정신분석의 네 가지 근본 개념(Le Séminaire 11 : Les quatre concepts fondamentaux de la psychanalyse)』, Paris: Seuil, 1964/1973, p. 27. [국역본(맹정현, 이수련 옮김, 서울: 새물결 출판

사, 2008), 44쪽, 45쪽]

7 줄리아 크리스테바(Julia Kristeva), 『공포의 권력(Pouvoir de l'horreur)』, Paris: Seuil, coll.《Folio essais》, 1980/1983, p. 12, p. 15. [국역본(서민원 옮김, 서울: 동문선, 2001), 30쪽]

다른 곳에서 오는 목소리

박영옥

"그 안에서 아이의 목소리가 침묵하지 않는다.
아이의 목소리는, 마치 하늘의 선물처럼,
메마른 말들 위에 아이의 웃음소리, 아이의 눈물,
아이의 모든 강렬한 원시성을 주며 떨어진다."

루이르네 데 포레, 『오스티나토』 중에서

세이렌들의 노래

 세상에서 가장 아름다운 노래를 듣고자 하는 희망으로, 오디세우스처럼 밀랍으로 귀를 막지도, 그런데 오디세우스와 달리 몸을 돛대에 묶지도 않은 채, 세이렌들의 노래에 끌려 결국 도달한 그곳에서 시인이, 블랑쇼가 발견한 것은 무엇이었을까? 세이렌들은 더 이상 노래하지 않는다는 것을 발견했을까? 세이렌들의 불완전한 노래는 결국 사라지는 것 이외에는 아무것도 없는 저 너머로 그들을 이끌었는가?[1] 음악은 이 기원에서 세상 다른 어느 곳에서보다 더 완전하게 사라졌다는 것을 알아차렸는가? "매혹적인, 종달새의 노래에 경탄하면서, 우리는 종달새를 죽인다"고 한 시인은 노래한다. 이것은 르네 샤르가 고발한 종달새의, 시인의 부당한 운명이다.[2] 이때, 글쓰기가 매혹과 연관된다고 말하는 것
—"글쓰기는 매혹이 위협하는 고독의 긍정 속으로 들어

가는 것이고, 영원한 되풀이가 지배하는 시간의 부재에 자신을 맡기는 것"[3]—은 질문하지 않을 수 없는 하나의 수수께끼로 우리를 이끈다. 왜 세이렌들이 더 이상 노래하지 않는다는 발견은 그들로 하여금 닻을 올려 집으로, 낮의 세계로 되돌아가게 하지 않는가? 그것은 노래의 부재가, "노래에 접근하는 모든 길을 태워 버린 이 침묵"[4]이 그들을 유혹하기 때문인가? 블랑쇼는, 우리는 끌림과 두려움을 동시에 가지고 그 끝이 어디인지 알 수 없는 심연으로 미끄러진다고 말한다. 그러나 "쓰기 위해서 시간의 부재 안으로 떨어진 자가 빠져드는, 끝없는 죽음을 죽어야 하는 중성의 이 영역"[5]은 예술이 유일하게 찾는 곳이며, "이곳에 접근하는 자에게도, 작품에도 위험"[6]이 된다고 말한다. 그러나 이 접근은 또한 예술을 "본질적인 탐구"[7]로 만드는 유일한 곳이기도 하다. 『도래할 책』을 여는 세이렌들의 노래는 우리가 기원에 접근하면서, 우리는 모든 시작으로부터 멀어진다는 것을 조심스럽게 알려준다. 그리고 책은 무한히 지연되고, 영원한 미래일 뿐이며, 결국 책의 부재에 자리를 양보할 것이라는 것도 예고한다. 심지어 블랑쇼는 『저 너머로의 발걸음 Le pas au-delà』에서 "글쓰기는 흔적을 남기도록 정해진 것이 아니라, 흔적에 의해 흔적을 지우고, (…) 우리가 무덤 안에서 사라지는 것보다 더 결정적으로 사라지는 것"[8]이라고 말한다. "모든 것은 지워져야 하고, 모든 것은 지워질 것이다. 그것은 글쓰기가 일어나고 그 자리를 가지는 무한한 지움의 요구와 일치하기"[9] 때문이다. 그럼에도 불구하고 왜 블랑쇼는, 시인은 쓰고 또 쓰는가? 그들은 모두 이 매혹의 희생자들인가? 그리고 우리는 왜 읽고 또 읽는가? 우리 또한 같은 희생자들인가? 어쩌면 우리는 블랑쇼의 후기 텍스트 중의 하나인 『다른 곳에서 오는 목소리Une voix venue d'ailleurs』[10] 안에서 그 대답을 발견할 수 있을지도 모른다. 아니면 다만 우리는 대답 없는 질문들만 열어 놓을지도 모른다. 항해는 항상 도착할 항구를 꿈꾸지만 그 와중에 길을 잃을 가능성도, 난파의 가능성도 남아 있기에. 그 도착지를 알 수 없다면, 알 수 없는 도착지를 향해 그냥 나아가는 수밖에는 달리 방도가 없다.

다른 곳에서 오는 목소리

 "사막처럼 음악이 전적으로 사라진 척박하고 메마른 유일한 곳이 되어 버린 음악의 모태"[11]로부터 어떤 목소리가 오고 또 온다. 꿈에서처럼, 깬 후에도 그 목소리는 동시에 꿈인 듯 현실인 듯, 먼 듯 가까운 듯, 낯설면서 친숙하게 들려온다. 이〈다른 곳에서 오는 목소리〉[12], 그것은〈어쩌면 그림자, 다만 만들어진 그림자/ 이유가 필요해서 명명된 그림자〉일지도 모른다. 시인은 반박한다.

〈아니다, 그것은 다르게 어두운 어떤 것이다
목 메이게 하는 부드러움
깨어 있어야 하는 우정의 의무.〉

세상의〈시간과 마모 속에서는 접근 불가능한〉〈다른 곳에서 오는 목소리〉는〈꿈보다 더 낫지 않은 환상〉만을, 그림자만을 드러낼지도 모른다. 그런데〈그 안에 지속하는 무엇인가가 있다/ 비록 모든 의미가 상실된 후일지라도.〉왜?〈그 목소리의 울림이 아직도 멀리서 뇌우처럼〉울리기 때문이다.〈그것이 가까이 오는 것인지 멀어져 가는 것인지 몰라도.〉

위의 시구들은 데 포레Louis-René des Forêts의 시집, 『사무엘 우드의 시들Les poèmes de Samuel Wood』의 마지막 페이지에 놓인 것들이다. 이곳은 블랑쇼의 단편적 비평, 『다른 곳에서 오는 목소리』의 기원이기도 하다. 이 글에서 블랑쇼는 시인의 작품 안에 아주 불명확하게 드러나는―시인에 의해 "제대로 해명되지 않은"(41)[13]―시인의 "아주 신비한 경험"(41)에 접근하고자 한다. 그것은 블랑쇼가 데 포레의 시 창작의 "시작의 수수께끼"(31)라고 부른 것이기도 하다. "거대하고, 무한하고, 치유할 수 없는 재난이 시인의 삶을 덮친 후에"(23), 수년간 글쓰기를 그쳤던 시인으로 하여금 다시 시를 쓰도록 이끈 시인의 시적 '경험expérience'―그 말을 의미로 고양함이 없이 "위험을 건너다ex-periri"[14]를 의미하는 한에서 경험. 그런데 그것은 **음악적**이다.

오스티나토

 오스티나토ostinato, 이것은 우선 음악용어로 '고집저음'이라 불리는 것이다. 변주 없이 한 주제, 한 동기가 오고, 가고, 다시 오면서 고집스럽게 반복되는 것이다. 블랑쇼는 "알반 베르그가 슈만 안에서 들었던 것을 자신도 듣는다"(23)고 말한다. "마치 이 유일한 음이 전개될 힘이 없이 그의 머릿속에서 끝없이 울리는 것처럼"(23)말이다. 블랑쇼가 들었던 그것은―시인의 꿈속에 반복적으로 출몰하는 아이처럼―슈만의 《어린이 정경》 중 7번째 곡, 〈트로이메라이〉, 즉 〈꿈〉일 것이다.

오스티나토는 또한 1997년 출간된 데 포레의 자서전적 단편집의 제목이기도 하다.

블랑쇼가 자주 머물던 프랑스 남쪽 에즈Èze의 작은 방, 벽에는 〈센강의 이름 없는 소녀l'Inconnue de la Seine〉라고 불리는 데스마스크가 걸려 있었다고 한다. "감은 눈, 그런데 너무도 섬세하고, 너무도 행복한 (그런데 베일로 가려진) 미소 때문에 마치 살아 있는 것 같은 소녀, 그래서 사람들은 그 소녀가 아마도 지복의 순간에 익사했을 것이라고 믿었다"(15)고 한다.

"사무엘 우드의 시들을 사로잡고 있는 강박을 변질시키지 않기 위해"(15) 블랑쇼는 이 글 서두에 이 소녀의 이미지를 조심스럽게 불러낸다. 블랑쇼가 익명의 소녀의 이미지를 불러내는 것은 아마도 20년 전 익사한 딸에게 헌정된 『사무엘 우드의 시들』의 기원에 자리한 시인 개인의 비극적 사건을 암시할 뿐만 아니라, 그 이미지를 통해, 꿈속에서 반복적으로 출몰하는 아이의 모습이 가진 강박적 힘과 더불어, 아이의 이미지의 익명성을 강조하기 위해서일 것이다.

〈아이는 꿈속에서만 보이고/ 고통을 잠재울 정도로 너무도 아름답다.〉 그러나 고통은 반대로 가중된다.

"왜냐하면 아이는 꿈속에만 나타나며 우리는 동시에 아이의 현전이 거짓이라는 것을 알기 때문이다"(16). 그러나 즉각적으로

〈아니다. 아이는 거기에, 바로 거기에 있다
  아무리 잠이 우리를 속일지라도〉

시인은 〈이 놀라운 출현〉을 파괴하려고 하는 신중한 이성과 낮의 지혜를 잃는 것이 꿈 없이 사는 것보다 더 나을 것이라고 생각한다. 시인 안에서 밤과 낮, 꿈과 이성 간의 지난한 투쟁이 이어진다. 〈꿈, 그런데 꿈보다 더 실재적인 것이 있는가?〉 어떻게 꿈 없이 견딜 수 있는가? 〈아이는 자신이 놀던 친숙한 장소에 끌리듯이/ 장미 꽃밭에 나타나고, 밤마다/ 자신의 방을 천진한 불꽃으로 채우기 위해 다시 온다.〉 때로는 〈한 여자가 창가에 앉아 있기도 한다/ 항상 같은 자리. 도대체 누구인가?/ 빨간 장갑을 낀 그녀의 손가락은 어떤 신호를 보내는가?〉 이렇게 질문하고 생각을 떨쳐 버리기 위해 잠에서 깨어난다고 해도, 다음날 그 여자는 같은 자리에 같은 모습으로 다시 나타난다. 결국 시인은 이 환상을 반박하기에 이른다. 〈이 이미지들은 망각의 실수일 뿐〉이고, 이제 〈자연의 법칙을 무시하는 행위〉와 〈죽음의 실

패를 주장하는 행위〉를 자신에게 금한다. 결국, 낮의 이성은 〈돌이킬 수 없는 균열/ 현실을 직시하자/ 우리는 비통에 잠겨 있고, 그래도 삶은 지속된다〉고 판단하기에 이른다.

그러나 환상은 계속되고, 환상을 제거하기 위한 또 다른 극단적인 시도가 개입한다. 왜 〈침묵의 가장 완전한 형태로서 선택된〉 완전한 죽음을 통해 그녀에게로 가지 않는가? 아니면 훨씬 현실적인 대안이 제시되기도 한다. 왜 〈더 이상 보지 않는 것이 고통이기를〉 그치는 순간, 다시 말해 기억이 희미해지기를 기다리지 않는가?

이 시도는 "정신착란적인 기억"[15] 속에서, 시간의 부재 속에서, 기억할 수 없을 만큼 지독히 오래전에 우리가 알게 된 〈다루기 힘든 소년〉에 의해, 우리 안에 낯선 그런데 친숙한 '아이'에 의해 거부된다. 소년은 준엄한 선고를 내린다.

〈무와 결합하기 위해, 무는 아무것도 낳지 않는다.〉

이성의 충고도 죽음도 망각도 잠재울 수 없는 비-존

재의 되돌아옴 앞에서, 더 이상 죽을 수 없음 앞에서, "우리가 망각이라 부르는 것 그 자체를 잊는 것이 어떤 위로도 가져오지 않는 무한히 더없이 어두운 요구"(18), **글쓰기의 요구**가 나타난다.

⟨목 메이게 하는 부드러움
깨어 있어야 하는 우정의 의무⟩

저 깊은 죽음 같은 침묵에서 살아남은 음처럼 들려오는 아이의 목소리의 부드러움은 침묵 속에서 깨어 있어야 한다고, 침묵에 귀 기울여야 한다고 말한다. ⟨깨어 있어야 하는 우정의 의무 le devoir de l'amitié vigilante⟩, "이 아주 단순하고, 너무도 아름다운 단어들로부터 오는 전율"(18), 그것은 ⟨끌림과 공포가 짝을 이루는⟩ 것이다. "이제부터 더 이상 침묵은 허용되지 않으며, 너는 말해야 한다(말하는 것이 비록 아무런 의미가 없다고 할지라도)"(18-19). 이 해결책이 채택되자마자 "너는 침묵해야 한다"(19)는 진술이 되돌아온다. ⟨작업실 책상에 종이들이 쌓이는 것을 그대로 두는 것⟩이 더 낫다고 시인은 거든다. 왜냐하면 ⟨하얀 종이 위에 침묵이 검은 글자들보다 더 오랫동안 말하기⟩ 때문이며, ⟨말하는 모든 것은 죽음을 면할 수 없는 살로 만들어졌기⟩ 때문이다. 그럼에도 불구하고 말해야 한다. 왜냐하면 〈말들은 모든 것들 중에 우리의 주인이며/ 침묵하기 위해서는 말들을 통해서 가야 하기 때문이다.〉

거대하고, 무한하고, 치유할 수 없는 재난이 시인의 삶을 덮친 후에, 수년간 시인은 글쓰기를 그쳤다. 그런데 어떻게 그는 어느 날 다시 글쓰기의 요구―"어떤 고통도, 맹세도, 영원한 공허도 이기지 못하는 이 글쓰기의 요구"(24)―로 돌아올 수 있었는가? 그것은 "더 이상 쓰지 않기 위해서는 쓰고 또 써야 한다는 것, 끝까지, 그 끝으로부터 써야한다는 것, 검은 것이 있을 때에만 하얀 것들이 있으며, 멈추기 위해 말과 소음이 산출될 때에만 침묵이 있다"(24)는 것을 깨달았기 때문일 것이다.

이제 시인은 그에게 사무엘 우드라는 예명을 준 자, 시인 안에 '그', 혹은 '아이'를 불러내서 묻는다.〈내가 지금 듣고 있는 너의 목소리는/ 무덤 저 깊은 곳에서 오는 것이니?/ 문장들을 가지고 나의 목소리를 강화하는 것이니?/ 아니면 나의 목소리의 그 거대한 궁핍을 반복하는 것이니?〉

이 질문들의 대답은 독자인 우리들 각자 안에 있을

것이다. "우리 모두는 죽음이 가깝다는 것, 우리는 여전히 〈침묵 안에서 경계해야 한다〉는 것, 〈다른 곳에서 오는 목소리〉를 들리게 하는 비밀스런 우정을 환대해야 한다는 것을 안다"(19). 그런데 그것은 "공허한 목소리"(19)가 아닌가? 그럴지도. 그러나 그것은 별로 중요하지 않다. 우리에게 말을 걸었던 그 목소리는 언제나 우리에게 말할 것이다. "마치 〈세상의 종말을 위한 사중주〉 안에서 사라지는 마지막 화음이 그치지 않고 들리는 것처럼 말이다" (19).

"오! 오스티나토, 오! 씁쓸한 아름다움"(26).

아나크루즈

블랑쇼가 메시앙의 사중주의 제목을 〈시간의 종말 la fin du temps을 위한 사중주〉가 아니라, 〈세상의 종말 la fin des temps을 위한 사중주〉로 잘못 적은 이유는 무엇일까? 아마도, 데 포레의 시들에서 블랑쇼는 시간, 템포, 리듬(그 시간을 메시앙처럼 음악적으로 이해하면)의 종말과 더불어 〈더 이상 단어들에 봉사하지 않는 언어〉, 침묵을 꿈꾸는 시인에게 언어의 종말을 알리는 조

종이 아니라, 세상의 종말 후에, 모든 것이 사라진 후에, 아무것도 없는 것이 아니라, 여전히 지속하는 무엇인가, 아주 낮은, 거의 들리지 않는, 그럼에도 불구하고 지속하는 저항의 소리를 들었기 때문은 아닐까? 마치 레비나스Emmanuel Levinas의 '일이아il y a'의 "부재의 현전"[16]처럼, "침묵의 웅성거림"[17]처럼, 혹은 "그치지 않는 중얼거림"[18]처럼, 혹은 리오타르Jean-François Lyotard가 말하듯 "죽은 혹은 죽었어야 할 어떤 개체가 **여전히** 살아 있는 것"[19]처럼, "죽음의 유예 혹은 죽음의 **선고/정지**arrêt de mort"[20]처럼 말이다. 여기서 문제가 되는 것은, "**여전히**"라는 말이 상기시키듯이, **시간**의 문제다. 다시 말해 한 존재자가 자신의 시작과 끝―탄생과 죽음, 나타남과 사라짐―과의 관계 속에서 발견되는 시간이다. 이때 "존재자는 두 번, 필연적으로 두 번 자신의 비-존재와 관계한다."[21] 탄생으로서의 비-존재와 죽음으로서의 비존재.

그럼, 시작은 어디에 있는가? 그로부터 모든 것이 시작한다고 믿는, 시작하는 누군가, 혹은 무엇인가가 있다는 말인가? 이것은, 우리가 세이렌들의 노래를 통해 음악의 기원에 대해 질문했듯이, 모든 기원에 대한 질문이다. 그것이 철학적이든, 종교적이든, 과학적이든,

문학적이든 간에 우리는 많은 대답들을 가지고 있다. 그중에 우리는 시작을 상징하는 황혼에 날아오르는 부엉이의 이미지 속에서 헤겔의 대답을 알고 있다. "헤겔에게 죽음은 정신의 삶이다. 다시 말해 정신은 즉각적인 삶의 지양으로서, 그 자신이었던 심급에서 죽음인 한에서 산다. 이전에 정신을 형성했던 것은 더 이상 생생한 삶이 아니다. 그래서 나였던 것은 더 이상 '나'라고 말할 수 없다. 그때의 '나'는 3인칭에서만 말해질 뿐이다. 그리고 헤겔은 과거의 나와 지금의 나의 종합인 '우리'에 이른다. 이렇게 아무것도 상실되지 않는다. 그래서 헤겔에게 죽음은 항상 아름다운 죽음이다. 왜냐하면 죽음은 '우리' 안에 보존되기 때문이다"(29-30).

그런데 정말 아무것도 상실되지 않았는가? 지금 현재하는 것의 그때의 생생한 현전, 타자의 양태로 지양된 것일 뿐인 시간 그 자체는 어떠한가? "물론, 부엉이의 비상은 모든 것의 살아남음survit, 모든 것의 전달을 보증하는 시작을 의미한다. 다만 부재가 되어 버린, 혹은 항상 부재였던 것의 그때의 **생생한** 현전을 제외하고 말이다"(30). 여기서 우리는 어쩌면 헤겔이 처음으로 느꼈던, 이어서 애도를 표했던 부엉이의 슬픔을 피하지 못할지도 모른다. 그런데 애도는 가능한가? 헤겔 덕분에 혹은 헤겔 때문에 우리는 현재 아주 생생하게 살아 있는 것 안에서 이미 필연적인 죽음을 본다. 이것은 리오타르가 "멜랑콜리"라고, 다른 이들이 허무주의라고 부른 것이다.

그럼에도 불구하고, 〈세상의 종말을 위한 사중주〉의 사라지는 마지막 화음이 그치지 않고 들리는 것처럼, 멜랑콜리에도 불구하고, 그것 안에서 동시에 그것에 반해서, 아무것도 없는 것이 아니라, 무엇인가가 도달한다. 멜랑콜리 안에 거부가 있다. "멜랑콜리가 거부하는 것, 그것은 그럼에도 불구하고 무엇인가가 있다는 것이다. 그래서 탄생과 죽음이 있다. 우리가 그 용어들의 순서를 바꾼다고 할지라도, 모든 탄생을 죽음처럼, 죽음을 탄생처럼 생각한다고 할지라고 말이다."[22] 다시 말하면, 헤겔에 반해서 "만일 시작이 끝이 아니라면, 만일 우리가 모든 탄생을 죽음처럼, 죽음을 탄생처럼 생각한다면, 왜 이중의 비-존재가 있는가? 왜 탄생으로서의 비-존재와 죽음으로서의 비-존재가 있는가?"(31)

"이것은 수수께끼다. 그리고 시작의 수수께끼는 **어떤 관계도 없는 것과의 관계가 있다**IL Y A는 것을 밝힌다"(31). 이것은 수년간의 침묵 후에(정확히 20년 만에) 다시 글쓰기를 시작한 시인 루이르네 데 포레의 시 창작의 시작의 수수께끼다. "다만 멜랑콜리한 것이 아니라, 죽음보다 더 무한히 고통스러운 탄생"(31)의 수수께끼. 『사무엘 우드의 시들』에서 루이르네 데 포레의 더블, 사무엘 우드는 말한다.

〈말해, 두 여정의 극단에서
가장 찢기는 듯한 고통을 주는 것은 탄생의 고통이라고
그리고 그것은 지속되고, 죽음에 대한 두려움과 대립한다고
말해, 우리는 태어나기를 그치지 않는다고
그런데 죽음들, 그것들은, 죽기를 그쳤다고〉

위의 시에서 시인은 "말해dis-toi"라고, 다시 말해 "…라고 생각해"라고 말한다. "즉 이것은 이야기récit다. 그것이 다른 사람들에 의해 회자되는 한에서, 내가 나에게 하는 혹은 그렇다고 믿는 이야기다"(31). 그런데 이야기하는 '내'가 현재와 가지는 관계는 항상 사라지는 현재와의 관계다. 나는 이 사라지는 현재의 증인, 나쁜 증인일 뿐이다. "직접성을 지우는 이야기로부터 나에게 오는 이 상실은 첫 번째 고통(우리가 고통을 셀 수 있다고 가정한다면)이다"(31). 그리고 이 상실은 기억이 아

무리 그것을 기억한다고 할지라도, 이미 그 기억은 그것의 생생함의 음조를 잃어버린 사라짐의 향기일 뿐이다. 여기에 "또 다른 고통(그러나 항상 같은 고통)"(32)이 나타난다. 그것은 〈내가 찢기는 고통을 가지고 뽑혀 나온 무의 조국〉[23]에 대한 기억이다.

〈말해, 우리는 태어나기를 그치지 않는다고
그런데 죽음들, 그것들은, 죽기를 그쳤다고〉

시작과 끝은, 그것이 글쓰기이든, 삶이든 하나의 완성, 작품을 의미한다. 그러나 시인은 태어나기를 그치지 않는다고, 죽음들은 더 이상 죽음이기를 그쳤다고 말한다. **시작의 요구, 글쓰기의 요구**는, 그것이 "아마도peut-être"(32)의 형태로, "일어날 법하지 않은 improbable"[24]의 형태로 일어나는 한에서, 그리고 "있었던 적이 없이 혹은 그칠 수 없는 무화의 위협"(32)을 받는 한에서, 망각과 기다림 사이에서 지극히 고통스럽다. 여기서 시작의 요구는 헤겔이 우리에게 꿈꾸게 했던 회복 가능한, 아름다운 죽음과 거리가 멀다.

시인의 꿈속에 출몰하기를 그치지 않는 아이, 시인의 손끝에서 태어나기를 그치지 않는 아이는 침묵과 최초의 울음소리 사이에서 시작을 상징한다. 리오타르는 "아이는 시작에 빚이 있다"[25]고 말한다. 그것도 청산할 수 없는 빚. 상실된 비-존재와의 관계에서 여전히 느껴지는 침묵의 빚. 이 빚, 아이가 나온 "비-존재"에 대한 빚, 즉 "관계없는 것과의 관계"[26]를 청산할 수 없다면, 그는 태어나기를 그칠 수 없다. 탄생 앞에서 **주저**하는 삶[27]처럼 말이다. "태어남의 선고ARRÊT de naissance"(33).

주저하는 삶은 "늙는 것이 금지된다"(38). 〈적어도 현자들의 세계에 속하지 않는다면〉, 〈우리는 나이와 함께 삶의 끝에 도달하지 않는다.〉 헤겔에게 만족하는 현자가 완성된 방식으로 모든 것에 대답하기 때문에 더 이상 질문이 없는 사람, 죽음의 순간에 그의 손을 잡아줄 타자를 더 이상 필요로 하지 않는 사람이라면, 헤겔에게 만족하지 못하는 사람에게는 "질문, 말, 침묵, 그리고 빛나는 태양, 새들의 노래, **언어의 지옥 같은 필연성**에서 도망치는 노래, 음악이 있다. 거기에, **아나쿠르즈** anacrouse에 의해, 여전히 들리는 것, 혹은 들리지 않는 것 안에서 들리게 될 것의 침묵이 유지된다"(34). 레비나스의 "애무"를 상기시키는 〈침묵의 포옹〉에 대한 〈다루기 힘든 소년〉의 기억과 그 열망을 포기하지 않는 방식으로 〈다른 곳에서 오는 목소리〉(사무엘 우드 혹은 익명의 누군가)에 바쳐진 말들이 **간신히** 말해진다.

〈아마도 그림자, 다만 발명된 그림자
그리고 이유가 필요해서 명명된 그림자
본래의 모습과 전적으로 단절된 관계
만일 다른 곳에서 오는 목소리
시간과 마모 속에서 접근 불가능한
그것을 들려주는 것이
꿈보다 더 낫지 않은 환상으로 드러난다면
그럼에도 불구하고 목소리 속에는 지속되는 무엇인가가 있다
비록 그 의미가 상실된 후에도
그 울림은 여전히 뇌우처럼 멀리서 울린다
그것이 가까이 오는 것이든 멀어지는 것이듯 알 수 없지만〉

목소리, 울림, 음악. 이 단어들로부터 블랑쇼는 "CONTRETEMPS"에 대한 질문을 제기한다. 이 단어는 블랑쇼에 의해 서로 차원이 다른 세 가지로 이해된다. 시간의 질서에 반해서 contre-temps, 우선 끝에서 시작을, 죽음을 통해, 죽음 안에서 탄생을 생각하는 헤겔에서 유래한 시간의 직접성의 불가능성으로서

"CONTRETEMPS", 그리고 두 번째로 회상을 통한 회귀의 불가능성으로서 "CONTRETEMPS", 그리고 끝으로 데 포레의 시와 연관해서 **아나쿠르즈**로서 이해되는 신비한 시간의 경험—"궁극적인 비-존재도 탄생이 이어지는 것을, 다시 말해 항상 태어남이 있다IL Y A는 것을 방해할 수 없을"(39) 정도로 **비-존재 안에서 사라짐의 불가능성**—으로서의 "CONTRETEMPS"이다.

블랑쇼가 여러 번 수수께끼처럼 언급하는 레비나스의 '일이아IL Y A'[28]는 충만한 침묵 속에서도 끝없이 웅성거리는 비-존재를 표상한다. "시인 안에 탄생의 행복과 고통이 비-존재로부터 멀어진다고 믿으면서 전개되는 존재 아래 놓여 있다면, 우리는 '말을 아직 하지 못하는 아이infants'의 침묵이 항상 말의 전조, 말을 움직이는 축이라고 생각할 수 있다. 비-존재가 일이아IL Y A의 끔찍한 왕래운동 안에서 존재와 결합한다고 할지라도, 비-존재가 존재 안에서 사라지지 않는 것처럼 말이다(존재는 비-존재를 회수했다고 믿지만, 탄생은 존재의 비-존재 안에서 자신의 비밀을 여전히 누설함이 없이 고집스럽게 지속한다—오스티나토)"(41-42).

블랑쇼는 시인의 신비한 시간 경험contretemps을 일종의 아나쿠르즈로 이해한다. 아나쿠르즈는 그리스인들에게 단지 전주곡을 의미했다. 19세기 이 말은 복잡해졌다. "첫 마디에서, 처음에 아무것도 들리지 않는다. 음조가 너무 약해서 마치 아무것도 없는 듯, 마치 지속함 없이, 지속하지 않는 것 이상으로 지속하는 것 같다. 이어서 강한 음이 치고 들어오면서 음악은 고조되고 때때로 경이로운 지경에까지 이른다. 음의 도약 혹은 파열이 너무 강렬해서 음은 **다시 침묵**으로 떨어질 뿐이다. 이렇게 전과 후는 자리가 바뀌고 어떤 결정된 자리에 고정되지 않는다"(42). 침묵과 노래 사이에서, **마치** 모든 일이 시적 언어를 통해 다른 곳에서 오는 목소리에 이르는 것이 문제인 것**처럼** 일어난다. 다시 말해, 마치 모든 것이 존재와 다른 목소리에 이르는 것이 문제인 것처럼, 존재자가 다른 목소리에 의해, 다른 목소리를 통해 존재로부터 존재자의 목소리에 이르는 것이 문제인 것처럼 일어난다. 아마도 이로부터 사라짐이 앞서는 나타남에 대한 시인의 〈정신착란적〉 고통이 있을 것이다. 그리고 "대위선율contrechant의 능숙함"(44)은 헛되이 '일이아'를 모방할 것이다.

클로디아의 노래

〈얼마나 여러 번 단어들에 봉사하지 않는 언어를 꿈꾸었는가…〉, 또 얼마나 여러 번 〈침묵의 포옹에 대한 약속, 열망에 대한 기억을 포기하지 않기를 꿈꾸었던가.〉 말라르메와 마찬가지로 데 포레의 시들에서 완벽한 침묵, 완벽한 부재에 대한 열망은 완수됨이 없이 수없이 드러나고 말해진다. "만일 언어의 고유성이 그것이 의미하는 현전을 부재로 만드는 것이라면"[29], 그런데 이 완벽한 침묵이 불가능하다면, 그리고 침묵만이 유일하게 가치 있는 요구라면, 작가는 무엇을 할 수 있는가? 이 둘 사이에서, 가능한 침묵 가까이에 머무는 것, 가능한 침묵에 가장 가깝게 쓰는 것 말고 다른 선택이 있는가? 그러나 항상 넘치게 말할 위험을 감수하면서. "여분의 한 마디가 모든 것을 망칠"[30] 위험을 무릅쓰면서 말이다. 우리는 이렇게 영원히 책의 부재에 접근할 뿐이다. 왜냐하면 여전히 표시들 혹은 흔적들이 있기 때문이다. 혹은 "두 종류의 글쓰기, 하나는 하양, 다른 하나는 검정, 하나는 색깔 없는 불꽃의 비가시성을 보이게 하고, 다른 하나는 검은 불의 힘으로 문자와 그 분절에 접근하는 것을 가능하게 하기"[31] 때문이다. 두 종류의 글쓰기, 하나는 하양, 다른 하나는 검정, 그 둘은 절대로 분리되지 않는다. 때때로 검은 글쓰기는 하얀 글쓰기를 공허하게 모방한다. 〈하얀 바탕 위에 하얀 네모〉를 꿈꾸면서. 『기다림 망각L'Attente l'oubli』의 한 단락에서처럼

> "이 구분되지 않는 말, 공간 없는 간격, 모든 긍정 아래에서 긍정하는, 부정할 수 없는, 침묵시키기에는 너무 연약한, 억누르기에는 너무 온순한, 뭔가를 말하는 것도 아닌, 다만 말하는, 생기 없이, 목소리 없이 말하는, 모든 목소리 중에 가장 낮은 목소리로, 죽은 자들 가운데서 살아 있는, 산 자들 가운데에서 죽어 있는, 죽기를, 죽기 위해 소생하기를 요청하는, 부름 없이 부르는 목소리."[32]

이 목소리, "아름다운, 그런데 행복하지 않은 목소리"[33]로, 그럼에도 "정확한, 정의를 상기시키는 방식으로"[34] 노래하는 클로디아의 목소리를 상기시킨다.

> "무관심하고 중성적인, 소리의 영역으로 접힌, 거기서 목소리는 불필요한 모든 완벽을 너무도 완전히 벗어 버려서, 목소리는 없어진 것처럼 보인다. (…) 작품의 질에 대해 염려하지 않는 아주 작

은 것, 음악 뒤에서 산출되는 아주 작은 것―그럼에도 불구하고 한순간의 음악―을 암시하는, 뭔가를 말하는 (…), 그런데 뭘? 단지 그것은 아주 조금 뭔가를 말할 뿐이다."[35]

이 목소리는 무엇을 들리게 하는가? 무엇을 말하는가? 그녀의 친구가 말한다. "너는 가난한 목소리로 노래했다"[36]고 "너는 하얗게 노래했다"[37]고 말한다.

"그것은 말해진다. 겨우, 간신히 말해진다"(35).

이 하얀, 공허한 목소리를 블랑쇼는 우리에게 들으라고 주는 것이 아니다. 왜냐하면 그것은 말보다 침묵에 더 가깝기 때문이다. 그럼에도 불구하고 그 목소리는 우리에게 비밀스럽게, "눈물 없는 울음"[38]처럼 도착한다. 하얀 글쓰기는 매번, 검은 글쓰기가 책 안에서 그 자신의 공간을 찾았으나, 발견할 수 없는 "거대하고 유일한 고통"[39]의 흔적이 될 때마다 조심스럽게, 은밀하게 우리를 건드린다.

클로디아의 노래, 자기 자신 위로 접힌 노래와 더불어, 거의 들리지 않는 이 목소리와 함께, 이 목소리는 그 목소리가 사라지는 바로 그 순간에 우리는 놀라운 음악에 의해 매혹될 것이라고 추측하게, 아니 믿게 한다. 여기서 우리는 클로디아의 노래와 더불어 세이렌의 노래를 다시 발견했다.

이 글쓰기가 "우리를 부르고 우리를 궁극의 점으로 끌어당기는 이 목소리들을 질식시키지"(20) 않기를 간절히 바라면서 끝나지 않는 글을 마친다.

1 여기 기술된 세이렌들의 노래는 블랑쇼의 『도래할 책』(Paris: Gallimard, 1959) 첫 페이지들에서 발견할 수 있다.

2 예전에 아름다운, 매혹적인 종달새를 사로잡기 위해 사람들은 숲속에 거울 조각들을 붙여서 만든 함정을 나뭇가지에 달아놓았다고 한다. 붉은 새벽하늘을 자유롭게 날던 매혹적인 종달새가 반짝이는 무엇인가에 매혹되어서 거울 앞에 정지해 날갯짓을 치는 순간 사람들은 그물을 던져 새를 잡았다고 한다. 시인은 아주 짧은 세 마디로 "부당한" 시인의 운명을 노래한다.

3 모리스 블랑쇼, 『문학의 공간(L'espace littéraire)』, Paris: Gallimard, coll.《Folio essais》, 1955, p. 31. [국역본(이달승 옮김, 서울: 그린비, 2004), 34쪽].

4 모리스 블랑쇼, 『도래할 책』, Paris: Gallimard, coll.《Folio essais》, 1959, p. 10. [국역본(심세광 옮김, 서울: 그린비, 2004), 14쪽]

5 같은 책, p. 294. [국역본, 408쪽]

6 같은 곳. [국역본, 408쪽]

7 같은 곳. [국역본, 408쪽]

8 모리스 블랑쇼, 『저 너머로의 발걸음』(1972), 박영옥 옮김, 그린비, 2019, 82쪽.

9 같은 책, 87쪽.

10 블랑쇼의 루이르네 데 포레에 대한 단편적 비평, 『다른 곳에서 오는 목소리』가 처음 출간된 것은 1992년 Ulysse에서다. 그런데 2002년 Gallimard는 블랑쇼의 작품들 중에 갈리마르에서 출간되지 않은 작은 책들(루이르네 데 포레, 르네 샤르, 파울 첼란, 그리고 미셸 푸코에 대한 길지 않은 단행본들)을 한데 모아서 『다른 곳에서 오는 목소리』라는 제목으로 출간하면서, 데 포레에 대한 글의 제목을 「아나쿠르즈」로 변경한다. 「아나쿠르즈」는 본래 『다른 곳에서 오는 목소리』(1992) 안에 마지막 장의 제목이었다(다른 두 장의 제목은 각각 「다른 곳에서 오는 목소리」, 「하양 검정」이다). 그런데 이 글을 이 제목으로 부르는 사람은 없는 듯하다.

11 모리스 블랑쇼, 『도래할 책』, p. 10. [국역본, 14쪽.]

12 루이르네 데 포레의 시 인용은〈 〉로 표시하고 일반인용은 " "로 적는다. 별다른 언급이 없는 시 인용은 모두 『사무엘 우드의 시들』(Paris: Mercure de France, 1988) 중에서 인용된 것들이다. 『바다의 악녀들(Les mégères de la mer)』(Paris: Fata Morgana, 1967)에서 인용된 시들은 따로 언급한다.

13 모리스 블랑쇼, 『다른 곳에서 오는 목소리』, Paris: Gallimard, coll. 《Folio essais》, 2002. 이 책 안에 루이르네 데 포레에 대한 글은 이 책의 첫 부분으로 44쪽까지다. 이후로 이 부분의 인용은 괄호 안에 쪽수 표시로 대신한다.

14 필립 라쿠라바르트(Philippe Lacoue-Labarthe), 『경험으로서의 시(La poésie comme expérience)』, Paris: Christian Bourgois, 1986, p. 30.

15 "정신착란적인 기억"은 그의 책 『아이들의 방(La Chambre des enfants)』(Paris: Gallimard, 1960)의 네 번째 이야기의 제목이다.

16 에마뉘엘 레비나스, 『존재에서 존재자로(De l'existence à l'existant)』, Paris: Vrin, p. 105.

17 에마뉘엘 레비나스, 『모리스 블랑쇼에 대하여(Sur Maurice Blanchot)』, Saint Clément de Rivière: Fata Morgana, p. 15.

18 모리스 블랑쇼, 『문학의 공간』, p. 51. [국역본, 55~56쪽]

19 장 프랑수아 리오타르, 「생존자(Survivant: Arendt)」, 『어린 시절에 대한 강독(Lectures d'enfance)』, Paris: Galilée, 1991, p. 59.

20 『다른 곳에서 오는 목소리』의 세 번째 텍스트 「아나쿠르즈」를 시작하면서 블랑쇼는 "나는 루이르네 데 포레의 서명 아래 출간된 시들을 사색하면서 "생존자"라는 제목의 리오타르의 텍스트를 이해하고자 하는 것에 만족할 것이다"(p. 29)라고 쓰고 있다. 그것이 데 포레의 시들을 통해 리오타르의 텍스트를 이해하고자 하는 것인지, 반대로 리오타르를 통해 데 포레를 이해하고자 하는 것인지 상관없이, 리오타르의 텍스트는 데 포레의 시들에 대한 블랑쇼의 주석 속에 때로는 그대로, 때로는 잘리고 부서진 채, 때로는 인용부호와 함께 때로는 없이 인용되어 있다. 블랑쇼는 「제한된 경험(L'expérience-limite)」(1962) 안에서, "주석가가 충실히 텍스트를 재생/반복할 때 그는 그것에 충실하지 않다"고 말한다. 왜냐하면 "그가 인용한 단어들, 문장들은 인용되었다는 사실에 의해 그 의미는 변하고, 이동하기"(『무한한 대화(L'entretien infini)』, p. 301.) 때문이라고 말한다. 그래서 인용은 항상 그 의미에 대한 배신을 함축한다. 즉 원래의 맥락에서 축출된 단어, 문장은 같은 의미를 가지지 않으며, 다른 사유, 다른 진술에 봉사한다. 블랑쇼는 데 포레와 리오타르의 텍스트에 가까이 가기 위해 그들의 텍스트를 인용하고 끼워 넣고 다시 말하면서, 그것들 간에 복수의 목소리들을 만들어 내면서 그것들을 배신한다.

21 장 프랑수아 리오타르, 위의 책, p. 59.

22 같은 책, p. 64.

23 루이르네 데 포레, 『바다의 악녀들』 중에서.

24 장 프랑수아 리오타르, 위의 책, p. 77.

25 같은 책, p. 67.

26 같은 책, p. 60.

27 카프카는 1922년 1월 24일자 일기에서 "나의 삶은 탄생 앞에서 주저한다"라고 쓰고 있다.

28 블랑쇼가 수수께끼 안에 수수께끼처럼 끼워 놓은 일이아(IL Y A)는, '... 있다'라는 의미의 술어이지만, 『존재에서 존재자로』에서, 레비나스는 이 말을 모든 존재자들을 무로 환원했을 때 얻게 되는 "존재자 없는 존재", "존재일반"의 개념으로 사용한다. 그리고 모든 것이 사라진 밤에 불면의 경험에서, 레비나스는 환원 후에 존재 안에서 무로 완전히 사라지지 않고, 존재 그 자체의 가장 깊은 곳으로부터 울려오는 비-존재의 "중얼거림", "부재의 현전", "침묵의 소리"의 경험에 대해서 기술한다.

29 모리스 블랑쇼, 「말라르메의 신화(le mythe de Mallarmé)」, 『불의 몫(La part du feu)』, Paris; Gallimard, p. 39.

30 루이르네 데 포레, 『오스티나토』, Paris: Mercure de France, 1997, p. 93.

31 모리스 블랑쇼, 『무한한 대화』, Paris: Gallimard, 1969, p. 631.

32 모리스 블랑쇼, 『기다림 망각』, Paris: Gallimard, 1962, p. 155-156. [국역본(박준상 옮김, 서울: 그린비, 2004), 131~132쪽]

33 모리스 블랑쇼, 『원하던 순간에(Au moment voulu)』, Paris: Gallimard, 1979/1951, p. 67.

34 같은 책, p. 68.

35 같은 책, pp. 68-69.

36 같은 책, p. 69.

37 같은 곳.

38 모리스 블랑쇼, 『카오스의 글쓰기(L'écriture du désastre)』, Paris: Gallimard, 1980, p. 38. [국역본(박준상 옮김, 서울: 그린비, 2012), 55쪽]

39 모리스 블랑쇼, 『원하던 순간에』, p. 14.

우편적 목소리, 텔레-파시

고해종

> "끊어" — "아냐, 너 먼저 끊어" — "아냐, 너 먼저" —
> "네가 끊어", "너를 끊어", "나는 너를 끊어" 등등.
>
> 자크 데리다, 『우편엽서』[1] (1977년 9월 4일) 중에서

0. 텔레파시

어쩌면 연애의 보편적 풍경이라고 할 만한 것이 있을 것이다. 다소 낡아 버린 것일지도 모르지만, 누군가에게 보내는 연애편지를 직접 건넬 용기가 없어 그 또는 그녀의 친구 손에 맡기거나 신발장에 몰래 넣어 두고서 답장 같은 것을 기다리는 마음, 그것이 그려 내는 풍경. 그 마음 졸임의 모습은 이제 많이 달라졌을 테다. 전화를 걸었다가 곧장 끊어 부재중 통화 목록에 흔적을 남기고서 다시 전화가 오기를 기다린다거나, 톡을 보내 놓고 작은 숫자 1이 사라지는지 슬몃슬몃 살피다가 숫자가 사라지자마자 서둘러 채팅창을 닫는다거나, 손가락을 잘못 놀려 페이스북이나 인스타그램에 '좋아요'를 눌러 버리고 어쩔 줄 몰라 하면서도 어떤 응답이 돌아오기를 기다리는 그런. 그래도 모종의 응답이 돌아오기를 바라는, 아니, 그보다도 훨씬 앞서서 그 누군가가 나에게 말을 걸어 주기를 바라는 조금은 치사하고 유치한

마음이 여전히 그 풍경의 한가운데에 자리하고 있는 것 같다. 연애는 어쩌면 그런 기다림에서부터 시작하는 것일지도 모른다.

그렇다면 우리는 무엇을 기다리는 것일까? 무엇을 바라고 기대하고 있는 것일까? 글쎄. 가만히 생각을 공글리다 보면 어떤 감정을 마음에 품을 때 즉시 그에 앞서 품게 되는 기다림의 정체를 질문하게 되지만, 대답은 썩 신통치 않다. 역시, 글쎄. 설사 우리의 기다림에 응답이 주어지고 그래서 연애가 시작되어서도 우리는 이 질문에 시원하게 대답하기 어렵다. 내가 보낸 'ㅋㅋㅋ'와 네가 보낸 'ㅋㅋㅋ'는 정확하게 똑같고 내가 보낸 '♡'와 네가 보낸 '♥'는 색깔만 다를 뿐인데, 그 사이에는 도무지 '='이라는 등식이 성립하지 않는 것만 같다. 혹시 'ㅋㅋㅋㅋㅋ'는 'ㅋㅋㅋ'보다 두 개가 더 많은 만큼 더 강렬한 것일까? 아니면 '♥'는 '♡'보다 속이 채워져 있는 만큼 더 충만한 것일까? 우리는 상대방이 비록 우리 자신과 멀리 떨어져 있더라도 우리 자신과 같은 마음을 품고 그러한 기다림에 공명하고 있기를 바라지만, 무슨 재주로 그것을 확인할 수 있을 것인가? 답답한 우리는 그저 '몰라'라고 말하면서 이 자리에 멈춰선 채로 마저 기다려야만 한다.

그러니까 연애라는 사태에 있어서 말하자면, 우리는

너무 먼 거리에서 서로 동기화되고자 하는 욕망을 품고 있다고 할 수 있을 것이다. 이것은 영상통화의 시대인 오늘날에도 예외는 아니어서, '보고 있어도 보고 싶은 그대'라는 해묵은 가사는 아직 유효하게 우리의 마음을 사소하게 울린다. 그리하여 우리가 다만 할 수 있는 일은 오직 기다리는 일이다. "끊어" — "아냐, 너 먼저 끊어" — "아냐, 너 먼저" 더 기다림에 의한 더 사랑함. 못내는 '하나, 둘, 셋, ….'

이 유치한 보편성이 환기하는 것은 원격으로 공유되는 파토스, 멀지만télé, 같기를 바라는 감정pathos 즉 텔레-페이소스라는, 빈 칸이 채워지기를 기다리는 것이 어떤 관계 자체를 그 토대에서부터 구축해 나간다는 사실이다. 단순하게 말하자면, 텔레파시라는 초능력이 연애라는 관계의 조건으로 요청된다. 하지만 생각해보면 텔레파시에도 두 개의 버전이 있다고 해야 할 것이다. 하나는 거리를 지우는, 정말로 내 머리 안에 직접적으로 타자가 울리고 현전하는 그런 목소리로서의 텔레파시, 다른 하나는 목소리의 원격성, 지워지지 않는 거리감을 간직한 목소리로서의 텔레파시. 연애의 풍경 속에서 우리는 그 둘 사이에서 전자를 무조건적으로 욕망하는 듯 보인다. 그러나 우리는 결코 후자를 벗어날 수 없다. 다시 말해 유한성의 무한한 체험이야말로 연애라는 사랑의 관계에 애당초 기입되어 있다. 수많은 목소리의 교환 속에서 결국 등장하고야 마는 '우리 지금 만나'라거나 '지금 만나러 갈게' 같은 말의 사태가 목소리의 시원에 이미 기입되어 있는 이 불가능성을 고지한다.

사실 이러한 연애의 불가능성이 환기하는 것은 존재에 대한 질문으로 점철된 형이상학으로서의 철학사 전체다. 소크라테스가 문자언어를 음성언어에 부차적인 것으로 정의한 이래로, 목소리, 즉 음성언어는 형이상학의 전통 속에서 가장 탁월한 자기 현전présence à soi의 형태로서 이해되어 왔다. 문자는 음성이 증명하고 있는 그 생생한 현재를 불완전한 형태로 모방하고 재현함으로써 그 왕좌를 불법적으로 점거하고 있을 뿐이다. 모세에게 들려온 신의 음성이 직접적으로 울려 퍼지는 텔레파시의 대표적인 사례가 아닐까? 신이 오직 목소리로 현현하듯이, 목소리는 한편으로 말함으로써 존재의 내면을 외면으로 투명하게 내보이는 동시에 스스로 사라져 가고, 다른 한편으로 그것은 그 내면 속에서 되울림으로써 자신이 말하는 것을 스스로 듣고 자신의 존재 근거를 스스로 마련한다. 자기 자신을 말하고 듣는 목소리는 존재의 생생하고 충만한 현전이라는 완전한 자립의 사태를 드러내는 것이다. 거리 없이 이미 내 두개골 안에서 울리고 있는 타자의 목소리, 자기 원인으로서의 신이라는 관념은 이런 사태의 분명한 이미지를 제공하고 있다. 기적과도 같은 합일의 양태. 그러나 반대로 이것은 목소리의 귀속이 동시에 이중으로 중첩되면서 발생하는 혼란일지도 모른다. 다시 말해 목소리의 직접성=자기성이 그대로 타자적=외부적인 것과 겹쳐질 때, 즉, 목소리에서 거리감이 사라질 때 목소리의 체험은 말하기인 동시에 듣기로서 양의적이게 되며 이는 오히려 자기 자신에 대한 나르시시즘적 절대화이거나 자기 자신의 즉각적 외부화, 곧 타자로의 굴절이라는 자기분열의 징후적 체험이기도 할 것이다. 모세가 신의 음성을 음성 그 자체로서 간직하고 있던 석판을 내던져 깨뜨려야 했던 것처럼, 목소리에서 거리감이 사라지고 그것이 직접적으로 머리 속에서 울릴 때, 도래하는 것은 메시아주의적 광란이다. 이와 반대로, 역행하고 회귀하는 목소리, 굳이 먼 타자를 경유해서 자기에게 되돌아오기를 고집하는 텔레-파시가 있을 것이다. 사실 전자의 텔레파시가 즉시 달성하고 성취하는 듯한 무한성은 일종의 환상이다. 연인들이 서로를 끌어안고 계속해서 다시 끌어안는 것은 그들이 하나가 되어있기 때문이 아니라 그토록 끌어안고 있음에도 불구하고 아직은 그리고 앞으로도 언제나, 결코 하나가 될 수 없기 때문이지 않을까? 우리는 사랑의 관계 속에서 유한성을 무한히 체험하면서만 삶 전체를 추인해 나가게 된다.

> "길내기가 무엇으로 이루어지는지,
> 물음은 열린 채로 남는다."
>
> 지그문트 프로이트, 「과학적 심리학을 위한 초고」 중에서

1. 전미래 시제의 목소리voix와 길voie

자크 데리다는 서양 형이상학의 음성중심주의에 맞서 문자학grammatologie을, 글쓰기 또는 쓰여진 글 écriture을 사유하고자 했던 우편공간의 철학자다. 그리고 그는 프로이트의 기호들로부터 발화 행위인 동시에 발화된 목소리인, 그래서 생생한 자기 현전과 자기 통제 자체인 파롤parole을 베껴 쓰지 않는 에크리튀르의 자리를 발견하는데, 이와 관련하여 그의 여러 저작들 중에서도 『우편엽서La carte postale』는 다음과 같은 이유에서 특별한 지위를 차지하는 것으로 읽힐 수 있을 것이다. 그것은 1977년 6월 3일에 시작되어 1979년 8월 30일까지 이어진 서신 교환들의 모음 같은 것으로, 편지인 만큼 데리다의 생생하고 분명한 목소리에 공명하는 듯하지만 난해하기로 악명 높은 데리다의 언

어langue를 완성하고 있는 것 같기도 하다. 심지어 데리다 자신조차 그것을 읽는 것이 할 만한 짓인지 잘 모르겠다고 토로할 정도로. 그럼에도 불구하고 1979년 9월 7일, 데리다는 다소간 하나의 서신 교환이라고 할 수 있을 만한 자신의 발송물들에 대하여, 그것들이 '아직은' 쓰여지지 않은futur, 아마도 특정한 무언가["여하한 우편에서 출발하여 정신분석에까지 이르는"(7)]를 다루게 '되어 있을antérieur' 한 권의 책의 서문으로 읽힐 수 있음을 고지한다. 다시 말해 하나의 정신이라고 할 수 있을 한 권의 책은 무엇인가를 닮게 될 것으로서 미래완료적으로 지시되는 것이다. 지금 우리에게 우선 주어지는 것은 그러한 책의 서문이며 우리의 과제는 그 서문을 읽는 일이다. 즉 우리는 데리다의 목소리를 듣기 위해서 먼저 그것을 읽어야 한다.

그런데 서문이란 무엇인가? 그것은 뒤이어 나올 내용들을 미리 앞질러 있는 글, 예고하고 선취하는 독특한 형태의 글, 책의 맨 처음에 놓이지만 가장 늦게 놓이는 글이다. 데리다는 서문이 행하는 것과 같이 독해를 미리 운명 지어 버리는 행위를 나쁜 짓으로 여기면서도 동시에 그 선별의 원리에 굴복하는 것이 불가피함을 고백한다. 그런데 문제는 다음 문장에서 등장한다. 선별이라는 원리에 대한 자신의 굴복을 자수한 연후에 그는, 곧장 그것이 작동하는 이유와 그 불가피성을 규명하는 일을 우리의 소관으로 맡겨 버린다. "나는 하나의 답신만을 기다리고, 그 답신은 네 소관이야"(8). 그의 목소리를 듣기 시작하려는 우리에게 데리다는 이렇게 앞뒤 없이 다짜고짜 말을 걸고서는 또 제멋대로 대답을 기다려 버리는 것이다. 황당하게도 우리는 그에 응답해야만 하는 사정에 처하도록 강제된다. 『우편엽서』의 목소리는 말을 시작하는 대신에 말의 한가운데로 단숨에 우리를 데려가고 우리는 그 자리에 별도리 없이 붙들릴 따름이다. 따라서 이제 우리는 어딘가를 향해서 몸을 돌려야만 한다. 목소리를 듣기 위해서 그리고 목소리를 내기 위해서.

목소리의 조건에 이미 시차가 기입되어 있다. 우리가 봉착한 곳은 반송과 회부의 지점, 결핍된 기원이라고 부를 만한 그곳으로 되돌아가야만 하는 지점이고 우리가 몸을 돌려야 할 방향은 곧 이 엽서들을 가능하게 만든 우편의 기술과 역사, 발송에 관한 일반 이론 쪽이다. 데리다에게는 파롤 자체가 아니라 지연되고 있는 파롤의 침묵이야말로 대리보충되어야 하는 결핍으로서 우리에게 말을 건네고 타자성을 구성하는 것이다. 그리고 이것은 데리다 자신에게도 예외가 아니다. 1977년 6월 4일의 두 번째 엽서.

> 왜 나는 줄곧 네게 쓰게 되는 걸까? 뭐가 날 떠밀고 있는 걸까? 하나뿐인 네가 들어. 유일한 목적지가 있어. 그 목적지는 이름을 붙일 수도 없고 눈으로 볼 수도 없지만, 너의 이름으로 불리고 있고 다른 누구도 아닌 너의 얼굴을 가지고 있어. 그 목적지로부터 몸을 돌려 눈을 뜰 수 있기도 전에, 몸을 돌려 질문을 하나 생각해 보기도 전에, 네게 쓰라는 명령이 틈도 없이 주어져. 뭐라고 쓰든 하여간 너에게 쓰도록 말이야. (…) 하지만 나는 내일 너에게 써. 나는 이 말을 현재형으로만 해(14-15).

목소리에 기입되어 있는 시차, 시간의 간격이 우리로 하여금 발송에 관한 일반 이론 쪽으로 몸을 돌리도록 만든다. 목소리가 환기하는 생생한 현재에는 금이 가 있다. 우리의 과거와 현재가 미래에야 완성될 것이라는 수수께끼같은 시간의 진리. 환언컨대 목소리의 현전은 언제나 사후적인nachträglich 현전이다. 현재에 켜켜이 쌓여 있는 것으로 드러나는 과거의 지층들은 미래라는 시간의 관점에서 탈구축됨으로써 재구축된다.

그러니까 데리다 자신이 에크리튀르의 고유성으로 새겼던 것, 즉 시간의 틈새와 공간화, 어떤 기원적 국부 안에서 펼쳐지는 기호작용들의 전개로서 길내기frayage 라는 차이의 운동이 언제나 이미 목소리에 내재해 있는 것이다. 그래서 1977년 6월 4일의 첫 번째 엽서는 이렇게 읽힌다. "이 엽서를 보내기 전에, 나는 네게 전화를 걸었을 거야. [52칸] 그래, 공중전화박스 안에서 방금 막 전화를 끊었어. 나는 길인데, 내게 네 목소리가 있는데, 어딘지 모르겠는데, 나는 길을 잃었어, 그건"(14) 우리는 여기서 목소리voix(브와)와 길voie(브와)의 동일한 음가 사이를 비집어 내면서 존재하는 지층을 발견할 수 있다. 그러한 우편적 공간의 지층에서 목소리는 길을 잃는다. "그건telle est(텔레)" "원격télé(텔레)"(14)이기 때문이다. 그리고 그 간격은 52칸의 여백으로 표시된다. 이 여백은 삭제되어 사라진 부분들이다. 마치 주석이 삭제된 채 뒤늦게 배송된 최초의 저작처럼 52개의 빈칸은 엽서들에 대해서 작동된 선별, 소각, 파괴의 장소의 흔적을 고정시킨다. 우리가 봉착했던 막다른 지점은 너의 목소리를 보존하고 상속하고 수용하는 고유한propre '나'가 스스로 어디인지 모르겠다고 말하면서 결핍된 기원 쪽을 향해서 반송과 회부를 시작해야할 길 위이며, 이 길내기로 벌어진 에크리튀르의 지층적 공간으로부터 개념이나 의미가 (잘못) 자리잡는다. 즉, 길내기는 개념에 장소를 부여하고 고지하는 발송

acheminement이지만, 언제나 이미 길들을 지우는 오-발송a-cheminement이다. 52칸의 공백은 말langue이 명명백백하게 비밀로 남을 수 있도록, 매 걸음마다 말이 새롭게 발명되는 것처럼, "모든 필치traits"(15)를 지운다. 그것이 데리다가 내놓은 서신들을 우편적 공간에서 구원된 잔해들로 고정시키고 그리하여 우리는 데리다가 위탁한 소관으로부터 자유로워질 수 없게 된다. 오배와 누락의 경제가 우리로 하여금 거리를 조절하지 못하게 금지하는 것이다. 멀어질 수도 가까워질 수도 없도록. 1977년 6월 3일, 서신교환이 시작되는 날의 첫 번째 엽서.

> 이제, 오늘, 매 순간마다, 지도의 이 지점에서, 우리는 자그마한 잔여물, "인수가 거절된" 찌꺼기야. (…) 나는 차라리 이렇게 말하고 싶어. 서로가 서로에게, 다른 누구도 아닌 서로 각자에게 운명이었다는 사실에 대해 "인수가 거절된" 것이었다고. 나는 강조하고 있어. (…) 나는 고대의 전령, 심부름꾼, 우리가 서로에게 주었던 것을 전달하는 사자를 닮았어. 기껏해야 상속인인 것이고, 그것도 불구의 상속인인 것이지. 보관해야 할 것을 제대로 물려받을 능력도, 제대로 다룰 능력도

없는. 나는 달려. 달려서 비밀로 지켜져야 할 소식을 그들에게 전달해. 그리고 나는 언제나 넘어져(11-12).

"말들을, 너는 내게 주고 인도해. 하나씩 나눠 주는 거지.
내 말들을, 네 쪽으로 돌려세워 보내면서"

자크 데리다, 『우편엽서』(1977년 6월 5일) 중에서

-1. 유한성의 무한한 체험

목소리가 품고 있는 거리distance와 배달destination의 비극을 데리다는 자신이 고른 엽서 뒤에 인쇄된 매튜 패리스의 그림에서 읽어 낸다. 이 그림에서 소크라테스는 쓰고 있다. 오직 목소리와 말의 기술인 변증술만을 고집하고 아무것도 기록하지 않았던 영혼의 산파가, 그의 제자였고 자신의 대화를 받아 적었던 플라톤 앞에서 쓰고 있다. 그래서 데리다에게 소크라테스는 플라톤의 스승이기는커녕 오히려 순종적인 필경사이자 서기로 보인다. 1977년 6월 4일. "플라톤의 비서가 아니면 뭐겠어"(14). 플라톤은 내처 손가락을 뻗어 길을 가리키고

지시하고 보여 주려는 듯, 권위적이고 강압적으로 마치 자신이 스승인 마냥 받아쓰도록 소크라테스의 뒤에 서 있다. 플라톤이 소크라테스에게 쓸 말을 알려 주고, 마치 그 내용이 소크라테스에게 물려받은 것인 양 굴고 있는 것이다. 이제 원본과 복제, 앞선 것과 뒤선 것 사이의 순서가 뒤섞여 있는 이 그림에서 모든 진리와 인식의 궁극적인 토대로서의 현전이 확보되어 온 역사가 뒤틀린다. 형이상학의 모든 관건은 존재라기보다는 차라리 존재에 깃든 계사(est)에, 에크리튀르가 벌려 놓는 공백에 걸려 있는 것이다.

데리다의 관점에서 매튜 패리스는 파국의 장면을 그리면서 에크리튀르의 무대를 열었다. 실수였을지도 모르는 그 전복과 전위는 현전이라는 말의 모든 의미에서 존재를 현전의 불변성으로 고정시켜 왔던 형이상학 전체에 대한 시원적 단절이자 그에 대한 배가로서의 사건인 것이다. 이 자리에서 소크라테스에서 플라톤으로 이어져 온 형이상학의 역사가 반송되고 있다. 신비로운 서관을 작업대 위에 놓고 긁개와 펜을 바삐 움직여 쓰고 지우는 것은 소크라테스다. 그리고 소크라테스가 그것을 우편엽서처럼 플라톤에게 건네준다. 1977년 6월 8일. "그는 그걸 마치 우편엽서처럼 수염 난 다른 늙은이에게 배송하지. 25년이 흐르고, 이 다른 늙은이는 그걸 다시 생각해 내려 하고 아무런 경고도 없이 향연의 장면에서 소크라테스를 지워 버리지"(30). 이렇게 반송된 역사는 배가되어 돌아온다. 끝나지 않는 두 사람의 분할은 오직 패리스의 (실수일지도 모르는) 결단에, 그리고 데리다의 결단에 의탁되어 있다. 하지만 결단은 '너', 즉 타자에게 의탁된 것이기 때문에 "네가 내가 한 번 더 요구한 '결단'은 불가능"하고 "결단은 네 몫으로"(30) 되돌아간다. 소크라테스와 플라톤을 읽는 패리스를 읽는 데리다를 읽는 우리는 결단이라는 고유한 선별의 원리를 통해 그 타자들의 목소리를 듣고 수용할 것이다. 소크라테스와 플라톤, 패리스, 데리다는 이 결단에 대해서 우리에게 대리되어 있다. 그러나 우리의 결단과 그 결과로서의 목소리는 타자의 목소리, 심지어는 타자 자체의 상속과 인수acceptation에 전적으로 달려 있다. 만약 우리가 불가능한 목소리의 위상학을 사유하고 그려낼 수 있다면, 그것은 오직 어떤 의탁된 목소리의 타자성, 거리를 간직한 우편적 목소리인 텔레파시에 대해 응답하는 도중에서만 펼쳐질 수 있을 것이다.

그렇게 데리다는 서명한다. 중요한 것은 이 서명이 언제나-이미 존재하는 서명에 대해 받아들이고 응답하는 연서명contresignature으로서의 서명이라는 사실이다. "나는 받아들입니다j'accepte, 이것이 이제부터 내 서명이야. 저 말을 문자 그대로 이해해 봐. 저건 내 이름이지. 나는 받아들입니다. 너는 믿고 기다릴 수 있을 거야, 최고로 명료한 것처럼. 네게서라면, 나는 무엇이든 받아들여"(31). 데리다는 1977년 6월 8일의 첫 번째 엽서의 말미에서 이렇게 쓴다. 문자 그대로 이해해 보자. "자크 일곱Jacques sept"과 비슷한 음가를 가지고 있는 "나는 받아들입니다J'accepte."라는 말은 그 자체 일곱 글자로 이루어진 데리다의 이름 자크Jacques를 소환한다. 그리고 그런 나는 너에게서라면 무엇이든 받아들일 것이다. 받아들임으로써 서명하는 나. 이름이 나에게 고유한 것으로 적히지만 언제나 이미 타자에 의해 부여되어 있는 것이고 나는 그것을 받아들이고 있어야만 하는 것처럼, 나는 받아들임으로써만 서명할 수 있고 나의 고유성을 세계에 기입할 수 있다. 다만 그것은 고유하게 오염된 것으로서만 단독적singulier이라는 점을 잊지 말아야 한다. 우리가 청취하고자 하는 불가능한 목소리들은 등 뒤에서 들려올 것이되, 되돌아설 때마다의 등 뒤에서 다시 들려올 것이다. 언제나처럼 계속되는 통화, 차라리 텔레파시라고 불러야 할 원격 소통의 지연과 거리를 함축한 에크리튀르로서의 목소리. 1977년 9월 4일. "끊어" — "아냐, 너 먼저 끊어" — "아냐, 너 먼저" — "네가 끊어", "너를 끊어", "나는 나를 끊어"(62) 등등.

1 자크 데리다, 『우편엽서』, Paris: Flammarion, 1980. 앞으로 이 책 속 문장을 인용할 때 인용문 옆에 인용문이 포함된 페이지를 괄호 안에 표기하기로 한다. 번역은 「발송들」(김민호 역), 『우편엽서』, 서울: 포스트카드(근간)를 따랐다. 역자의 주석으로부터 큰 도움을 받았음을 밝힌다.

꿈의 목소리, 목소리의 꿈
배지선

1990년 파리 8대학 여성 연구 센터는 '성차 읽기 Lectures de la différence sexuelle'(불어는 성, 수를 구별, '성차'와 '읽기'는 여성 명사, 여기서 '읽기'는 복수, 이를 뜻하는 's'는 발음되지 않음)라는 제목으로 다학문적 국제학회를 개최했다. 성차란 무엇인가를 규정, 논증, 토론하기보다는 '성차'를 하나의 담론이나 언어의 효과, 언어가 만들어 내는 사실로 읽어 보자는 초대이자 어떤 현상을 '보는 일에서 읽는 일'로 전환해 보자는 기획이었다.

이 학회에서 식수의 발제 제목은 「성차의 콩트Contes de la différence sexuelle」('콩트'도 복수)였다. 이 국제학회의 장, 발제의 무대에서 식수와 짝을 이룬 다른 한 명의 발제자—자크 데리다, 둘의 미장센은 흥미롭다. 한 남성과 한 여성으로 보이는 두 사람의 발표라는 미장센에서 서로 대응하고 조우하는 둘 이상의 여러 목소리로 쓰인 곡의 연주를 상상할 수 있다. 문학과 철학은 물론, 다양한 영역을 아우르며 정교하게 쓰여진 두 사람의 글에서 목소리나 시간의 다중성 등이 주의 깊은 독해를 통해 드러난다면, 이 무대에서 두 사람의 제스처는 그 의도성이 보다 분명해 보인다. 식수가 먼저 데리다의 한 텍스트에 관한 읽기를 발표하고, 데리다가 발표한다. 식수의 꿈속 단어, 식수가 그에게 전화통화를 통해 '말로 준' 단어, '개미Fourmis'(데리다의 글 제목, 복수 표기)에서 출발한 사유를 전개하는 데리다는 식수를 따르는 혹은 제2의, 두 번째 입장을 취한다. 그런데 식수는 '발언하다', '시작하다'의 중층적 의미, 이러한 순서를 논의한 일을 언급하면서 데리다에 앞서 시작했다. 다시 말하면 말을 '주고받다', '시작하다'와 '이어 가다' 혹은 '따르다' 등의 문제는 보이는 것처럼 명확하지 않다. 다른 한편으로 이 두 사람의 대화처럼 보이는 장면은 공개된 장에서 이루어지므로 청중이라는 제3자, 복수의 제3자의 목소리의 존재를 상정하며, 나아가 두 사람의 텍스트의 여러 문장의 주어와 대상도 다중적이다. 이러한 점들을 고려하면, 제스처와 미장센의 의미, 장면과 텍스트, 목소리 사이의 관계는 더 복잡해진다.

식수는 제목에서부터 의도적으로 참과 거짓의 경계를 불분명하게 하고 그것이 의미하는 바 자체를 근본적으로 질문하면서 허구fiction와 그 힘―언어는 기준 혹은 법이지만 동시에 무한한 확장이자 창조의 힘이라는 것을 드러낸다. 이 같은 언어의 창조적 힘은 동일한 언어를 사용하는 이들에게서도 전혀 다르게 발현된다. 불어 '이디옴idiome'은 관용적 표현이자 나아가 한 언어의 번역 불가능한 유일성, 특수성 혹은 그러한 사용을 의미한다. 이디옴은 주어진 한 언어에서 유일한 방식으로 그 언어를 맥락, 문화 상황 등과 연결하는 특성이라 할 수 있다. 이러한 의미에서 보면 우리가 사용하는 낱말, 표현, 개념 중 어떤 것도 보편적으로 번역될 수 없다. 식수의 글쓰기는 이 같은 언어성의 가장 깊은 곳에서부터 시작한다. 데리다 또한 그렇다. 이 장면의 경우, 데리다는 가장 불어적인 표현, 문자 그대로 해석하면 '말을 주다'에 관한 여러 의미를 환기시키며 발표를 시작하고, 식수가 며칠 전 그와의 전화통화에서 언급한 '꿈의 말fourmis'이 'four/mis', 'four/me'로 분절되어 그의 사유를 이끌어 간 '새로운 단어'라고 말한다. 데리다가 식수에게서 '받은'(그런데 식수는 그에게 이 단어를 준 것일까, 아니면 단순히 말한 혹은 이야기한 것일까. 여기에는 무슨 차이가 있을까, 아니면 없을까?) 그 단어, 즉 한 언어의 어휘 체계에 속하면서도 현 체계에는 부재하는 단어, '개미'라는 명사이면서도 성수 법칙에서 비껴 나 있는 바로 그 한 단어에서 출발해 성차에 관한 독해를 한다는 것, 또한 이는 두 사람만이 알고 있는 사실에서 출발한다는 것 등은 데리다 역시 다른 방식으로 언어의 문제와 진실의 문제를 다룬다는 뜻으로 읽힌다. 이토록 이 둘의 발제는 서로 깊이 얽혀 있으면서도 각자 독립적으로 발전된다.

식수는 읽고 있는 모든 사람들이 그러하듯이, 독자

로서 '성차'에 관한 프로이트의 어휘와 개념에 영향을 받지만 그녀만의 방식으로 의도적으로, 자유로이 이 유산을 변형, 조작, 활용한다. 「성차의 콩트」에서 '성차'는 관례적 문구 혹은 상투적 표현이지만 그에 해당하는 '어떤 내용'을 가리키고 있지는 않다. 나아가 이 말의 이 같은 의례성은 식수의 글쓰기에서 그 내용을 실제로 상실하게 된다. 하나의 예를 들어보자. 요정이나 여신의 등장이 콩트의 장르 규칙에 이례적인 일이 아니듯이 「성차의 콩트」에도 여신이 있다. 여신은 성차의 알파벳 첫 자로 표기된 'D.S'(데에스)와 읽는 방식이 동일하다. 식수는 발제의 앞부분에서 나는 '데에스'를 보는가 아니면 발명하는가, 내가 본다면 무엇을 보는가라고 질문한다.

> (D.S. – 영역, 무언가, 둘 사이의 선명한 간격이 아니라 그녀는 움직임 그 자체, 반사 순환, 재귀, 부정성 없는 부정의 여신, 나를 동하게 하는 잡을 수 없는 것, 가장 가까이에서 와 섬광처럼 **빠르게** 나를, 나 자신에게 불가능한 다른 (이)-나를 내게 주는 잡히지 않는 것, 다른 이와의 접촉에서 너-나-너인 나를 솟아오르게 하는 잡을 수 없는 것이다.)[1]

'D.S'는 하나의 영역에서 다른 영역으로, 무언가에서 다른 무언가로, 이곳에서 다른 곳으로, 영역, 간격과 거리를 무시하고 그것들에 주어진 특성들을 넘어서면서 여기서 저기로, 이 안에서 그 안의 또 다른 곳으로 끊임없이 이동한다. 자아와 타자, 내 타자와 다른 타자, 나와 너는 동요된다. 이 같은 'D.S'는 해부학적으로 결정된 사실, 고정된 경계, 정해진 성 역할 등과는 별 관계가 없다. 정신분석적 관점에서 연구된 자아의 형성, 양성성, 자신과의 관계, 타자와의 관계, 욕망, 사랑이나 증오 같은 정신세계, 여전히 탐구해야 할, 쓰여야 할 곳과 관계된다. 위의 인용 부분은 괄호로 묶여 있다. 괄호는 글 내에서 글을 분리하면서도 완전히 분리하지 않는다. 하나 이상의 너-나가 있는 것처럼 글에는 이미 '하나 이상의 목소리'가 있다.

식수의 오랜 삶의 동반자였던 어머니, '이브Eve'가 103세의 나이로 이 세계에서 다른 세계로 여행을 떠날 무렵 출판된 『오메르 에 모르Homère est morte』는 "이것은 내가 쓰고 싶었던 책이 아니다. 나는 이 책을 쓰지 않는다"로 시작한다. '저자'는 내가 쓴 것이 아니라고 대뜸 고백한다. 이것은 무슨 뜻일까? 이 의미를 생각해 보기 전에 책의 '제목'이 들려주는 이야기에 먼저 귀 기울여 보자. 『일리아스Ilias』로 잘 알려진 호메로스는 불어로 '오메르'라고 읽고 어머니는 '메르'라고 읽는다. 동음 덕분에 '오메르Homère'는 '오메르'이자, 감동에 찬 목소리로 외치는 '오, 어머니'로 들을 수 있다. 식수는 은유가 아니라 이브는 '오메르'라고 말한다. 단편적으로 말하자면, 그녀에게 이브는 죽음과 고통으로 얼룩진 식수의 『일리아스』를 쓴 저자이기 때문이다. 이처럼 식수는 모든 기표와 기의 사이의 임의성, 기의의 중의성의 가능성을 극대화하는 글쓰기를 실천하며, 모든 낱말의 '몸', 그 목소리의 텍스트를 생산해 왔다. 불어, 불어의 이디엄이자 동시에 식수의 '이디엄'에 기반하고 번역 불가능성을 추구하는 듯 보이는 그녀의 글쓰기를 명료하게 설명하기는 어렵다. 식수의 글쓰기는 규정, 정의, 도식적인 이론화에 근본적으로 저항하는 언어의 힘이기 때문이다.

    이 같은 글쓰기로 대변되는 식수의 입장을 이해하기 위해서는 역사·사회·문화적 맥락의 이해가 필요하다. 식수에게 어느 시기에 명성을 안겨 준 '여성적 글쓰기'의 '개념화'와 직접적으로 관련 있는 텍스트『메두사의 웃음Le Rire de la Méduse』은 "나는 여성적 글쓰기에 관해서, 그녀(여성적 글쓰기)가 할 일에 관해서 말하려 한다"로 시작한다. 이 텍스트에서 주목해야 할 사항 중 한 가지는 '역사', '글쓰기' 등 여성형 명사를 대체하는 3

인칭 여성 대명사, '그녀'가 많이 사용되었다는 점이다. 이러한 여성 대명사의 사용은 앞서 예로 든 성차에 관한 학회의 미장센 같은 여러 연출 및 '오메르'의 예에서 보이는 것처럼, 기표, 단어, 의례적 표현을 비워 버리는 일의 연속선이자 새로운 형식, 형태, 형상을 발견, 발명, 창조하는 실천의 예라 할 수 있다. 『메두사의 웃음』의 첫 부분은 새로운 형태와 체계를 생산하는 미적 활동의 필요성을 역설하고 있다. 그런데 왜 '여성적' 글쓰기인가?

식수는 '여성 혐오(폄하, 멸시, 증오)'의 문제에 상대적으로 늦게 관심을 두었다(프랑스 내에서 자신의 정체성 중 하나로 여성주의라는 말을 거의 사용하지 않는 식수는 미국에서는 여성주의자로 소개되는 것에 대해 특별한 불편함을 표현하지 않는다). 그녀의 첫 번째 문제의식은 반유대주의와 인종주의에 관한 것이었다. 식수는 대학에서 영문학을 가르치면서 교수 생활을 시작했고 1968년 '뱅센느 대학 센터'(71년 파리 8대학으로 변경) 설립을 주관했다. 또한 작가로서 1969년, 단순하게 말하자면, 아버지의 죽음, 부재를 거부하는 소녀의 고립, 그 아버지의 부재-현존에 관한 작품 『안dedans』으로 '메디시 상Prix Médicis'을 수상했다. 그러나 이처럼 열정적 활동을 하는 동안 만난 수많은 (대부분 남성이었던) 동료들은 물론, 누구보다도 탁월하고 섬세한 많은 동료들이나 친구들조차도 여성 혐오가 팽배한 현실을 제대로 인식하고 있지 못하는 상황 앞에 식수는 절망하고 분노하게 된다. 동시에 그녀는 이에 대해 항의하고 시정을 요구하는 것 이상의 적극적으로 변화를 현실화할 일을 모색하고 있었다. 그 결과 중 하나가 1974년 '여성 연구' 센터와 박사과정 신설이었다. 이러한 모색 과정에서 식수는 여성 정신분석학자들이나 다른 여성 작가들과 교류하게 된다. 그리고 비로소 가장 적절하지 않은 듯 가장 적절한 자리에서부터 '메두사의 웃음'이 시작된다.

'시몬느 드 보부아르와 여성들의 투쟁'을 주제로 한 1975년 《라르크L'Arc》 61호에 처음으로 실린 『메두사의 웃음』은 프랑스에서와는 다르게, 영미권의 여성주의와 예술계에서(그리고 점차 세계적으로) 반향을 얻게 된다. 이 잡지의 기획이 보부아르의 업적에 경의를 표하기 위한 것이었던 만큼, 글을 쓴 이들 대부분이 이러한 기획 의도에 동조하는 글을 썼다. 단 한 사람을 제외하고. 식수는 보부아르, 『제2의 성』이 주장하는 존재론적 동일성에 동의하지 않을 뿐 아니라 그러한 주장에 반박하는 것을 넘어 전복을 꾀하는 글 『메두사의 웃음』을 썼다. 『제2의 성』은 보편성에 도달하지 못하는 '여성의 글쓰기'에 비판적이다. 이 같은 관점에 대해서 『메두사의 웃음』은 "더 이상 과거가 미래를 만들어서는 안 된다"[2]고 강하게 부정한다. '메두사의 웃음'은 보부아르를 과거로 치부하며 미래는 전적으로 다른 입장에서 쓰여야 한다고 역설한다.

존재론적 동일성의 관점에서 실질적 동등함을 쟁취하는 일은 몹시 중요했고 여전히 중요하며 어렵게 얻은 성취들은 언제나 위태롭다. 바로 이러한 사실 때문에 교육과 역사 쓰기가 중요하다. 따라서 이 같은 입장은 정당했고 정당하다. 그러나 이러한 입장이 넘어설 수 없는 또 다른 형태의 지배적·배타적 권위가 되어서는 안 된다. (남성적) 보편성을 근본적이자 급진적으로 전복하지 않고, 그 결과 여전히 여성이 '제2의 성'으로 간주되는 남성 동성 사회적 '형제애'가 이상으로 제시되는 상황은 남성과 여성으로 대변되는 이항구조와 그 개념들에 통합되는 일, 이 문제에 관련된 연구와 실천의 부재를 말할 뿐이다. 이와 다르게 '메두사의 웃음'은 싸우는 여성을 불러들인다. "내가 여성이라고 말할 때, 나는 고전적 남성과 피할 수 없는 싸움을 벌이고 있는 여성에 관해서 말한다."[3] 이러한 여성은 또한 '남근적 어머니, 여성'과도 싸운다. 이러한 '여성'은 '여성'을 향해 글을 쓴다. 쓰면서 예견할 수 없는 것을 예견하면서 기획하고 앞으로 나간다. 『메두사의 웃음』은 세계와의 관계, 섹슈얼리티, 이성애와의 관계에서 남성의 그것과 다르며, 다른 몸과 생각을 가지고 그에 따라 행동하는 자유로운 '여성'에 관해서 말하고 있다. 다름을 주장하는 이 같은 글을 당시 프랑스에서 주도적이었던 입장과 그 상징적 인물에 경의를 표하는 기획에 실음으로써 식수는 전복적일 뿐 아니라 예언적인 선언문을 작성한 것이다. 같은 해, 식수는 카트린 클레망과 함께 쓴 『새로 태어난 여성La jeune née』을 '10-18 출판éditions 10-18'의 《여성적 미래Féminin futur》 컬렉션에서 출판한다. 이 텍스트는 '메두사의 웃음'의 절박할 뿐 아니라 지극히 절묘하고 적정한 시점과 관점에서 '새로운 여성'과 그 '여성'의 미래에 관한 역설과 함께 "현재가 건재하더라도 여성이 다른 곳에서 삶과 생명의 역사를 다르게 시작하는 것을 막을 수 없다"[4]는 당위성을 표현한다.

'여성적 글쓰기'는 개념이 아니라 도래할 새로운 글쓰기의 형태, 어떤 '장르-젠더'에도 (장르는 젠더의 번역어로도 쓰임) 속하지 않는 글쓰기의 체계를 설명하기 위해 사용된 말이다. 'D.S'를 떠올리면 여성적 글쓰기가 한 일, 할 일을 그려볼 수 있다. 이 같은 글쓰기는 지금까지의 이야기에서도 암시된 것처럼, 무엇보다도 목소리를 듣는 힘과 관련이 있다. 최소한만 환기해 보자면 프로이트에게 목소리는 초자아, 자아의 형성과 관련된다. 라캉은 욕망에 대응하면서도 어떤 실재적 대상이 없는 욕망 대상 중 하나로 목소리를 언급한다. 목소리는 내부의 빈 곳, 봉합되지 않을 미세한 균열들, 타자/외부에서 오는 혹은 타자의 욕망, 아니면 밖에서 호명된 존재 등과 연관된다. 이 같은 안·퍎, 내·외의 동시성은 수용성, 주체의 확장과 교감, 열린 상호 주체성과 관련된다. 이러한 경계 자체의 근본적 불가능성, 결정 불가능성은 나와 외부, 내 안의 수많은 나와 내 타자를 전제하기 때문에 안과 밖이라고 해도 그 각각의 공간에 이미 수많은 분열을 상정한다. 안과 밖 둘 사이 선명한 구획을 그려 보는 일 자체도 복잡해질 뿐더러 그때마다 그 경계 또한 쉼 없이 움직이며 그러한 움직임으로 나와 나, 나와 너, '나·너'를 무수히 생산하게 된다. 그렇다면 결국 분열될 수 없는 오롯한 개인, 그 하나의 목소리라는 것은 과연 가능한가? 오히려 그러한 불가능성이 글쓰기를 가능하게 하는 조건이다. 이러한 무한 분열의 어떤 한순간, 그 어떤 한곳에 섬광처럼 글쓰기가 목소리로부터 도래한다.

목소리는 '말'이 아니라 "법 이전의 노래이다."[5] 상징 질서 혹은 질서 이전의 무언가이다. 글쓰기에서 '여성성'이 발현하는 방식이 '목소리'라고 말하는 식수에게 이 목소리는 '어머니'라는 기호로 우선 소환된 후, 이미 존재하는 단어, '어머니'와 달라진다. "여성 안에는 많든 적든 치유하고 보살피며 분리에 저항하는 '어머니', 단절되도록 내버려 두지 않고 오히려 코드, 규칙들을 몰아붙여 좌초시키는 힘이 언제나 있다."[6] 이 힘은 감미로운 만큼 폭력적이다. 마치 '어머니'와의 관계와도 같다. 이 힘은 내 몸이자 텍스트에 도사리고 있다. "목소리는 마르지 않는 젖"이며 "여성은 흰 잉크로 쓴다."[7] 그렇다면 '어머니의 젖'은 직접적 은유일까?

> 어머니 la mère(라 메르)는 음악, 그녀는 거기에, 뒤에서 나직이 불어오는 어머니는 모든 불어 글쓰기에서 분명히 바다 la mer(라 메르)이다. 나의 언어에서, 우리는 어머니는 바다라고 말할 수 있는 행운을 가졌으며 이는 우리 상상계의 일부로서 우리에게 무언가를 불어넣는다. 영어에서는 어머니는 m'other, 나의 타자라고 말한다.[8]

'어머니'는 고정된 의미가 없는 다언어의 기표 혹은 그러한 은유 중의 하나이며, 따라서 글쓰기에서 발견되고 발명되는 말이다. 이는 여러 층위에서 그러하다. 예를 들면, 식수가 자신의 '어머니'에 관해 쓸 때도 그렇다. 『오메르 에 모르』가 '어머니'의 죽음에 관한 글이라면, 이에 앞서 식수는 이브가 100세, 그 이상 가능한 오래 살기를, 가능한 것 보다 멀리 이를 수 있기를 기원하며 그녀의 어머니에게 보내는 사랑의 찬가를 펴냈다.[9] 그녀에게 '어머니'는 한 사람, 생존자, 전적으로 의지하는 사람, 거대한 기억, 한 무명인의 형상 등 모든 것, 모든 기억이지만 동시에 이 어머니는 식수의 안에 있는 어머니로서 식수의 외부 존재, 다른 존재인 '어머니'와 반드시 동일하지는 않다. 식수는 이 어머니-바다(mère-mer)에서 쓴다. 이 어머니의 언어에서 쓴다. 한국어에서 '모국어'라고 하는 것은 불어에서 '어머니의 언어/혀 langue maternelle'이며, 위 인용문의 관점에서 보면, 영어에서는 '내 타자의 언어/혀 m'other tongue'로 이해될 수 있다. 독일계 유대인으로 프랑스의 한 도시, 스트라스부르그에서 태어난 이브, 독일어를 사용하던 이브의 어머니, 당시 프랑스령이었던 알제리의 유대인 아버지를 가족으로 알제리의 오랑에서 태어난 식수는 따라서 불어뿐 아니라, 독일어, 유대어, 아랍어, 베르베르어와 함께 자랐고 영문학을 공부했다. 식수에게 '모어'는 이 모든 언어, 그 이상이다. 이 같은 맥락에서 식수에게 모든 언어는 마르지 않는 '젖lait'(레), '언어젖languelait'[랑그레, '언어langue'(랑그) + '젖lait'(레)]이다. 무한한 힘의 원천인 '언어' 혹은 '어머니의 언어'는 폭력이자 탄생과 치유의 힘이다. 식수의 문장을 한번 들어보자. "너를 만지면서 네게 영향을 끼치는 **'동등(모호)한 목소리 l'équivoix'**(인용문에서 식수가 만든 말을 강조로 표기)가 너의 젖가슴으로부터 너를 언어로 향하도록 민다, 너의 힘을 일으킨다."[10] 이 문장을 듣는 것과 읽는 것은 다르다. 식수는 다른 단어의 몸을 서로 맞닿게 해 다른 (목)소리를 쓰고 해석을 열어둔다. 그 한 예로, 이 말은 동등하다는 범주의 뜻을 가진 동사의 활용형 마지막 음절을 목소리voix로 변형한 것으로 고전적 속박으로서 오래된 '어머니'와 다른, 그에 준하는, 비슷한 무언가, 텍스트, 내 몸을 표현한다고 이해할 수 있다. 물려받은 무언가는 새로워진다. 이 목소리, 어머니와 비슷한 어떤 존재, 어떤 여성이 '너'를 언어로 밀어준다. 물론, 이 같은 문장에서 '너와 나'는 완전히 분절되지 않는다.

프랑스의 식민지였던 알제리에서 겪어야 했던 나치즘, 식수가 10살 무렵 결핵으로 38살에 세상을 떠난 아버지, 이 같은 인종주의와 학살의 경험과 상실의 경험은 식수의 개인적 조건이자 역사적 조건과 상황이다. 이러한 역사는 식수를 글쓰기로 이끈다. 『안』을 떠올려 보면 아버지의 죽음은 식수에게 항상 열려 있는 경험, 글쓰기의 원천 중의 하나로 볼 수 있다. 아버지의 죽음은 글쓰기를 향해 열려 있는 '무덤', 식수의 언어의 목구멍, 목소리의 무덤으로 이해될 수 있다. 말을 뺏긴 죽음과 몸, 경험은 사라지지 않고 끊임없이 되돌아온다. 그녀의 아버지의 이름 'Georges'는 다양한 형태로 작품에 등장하기도 하는데 이 이름은 무엇보다도 발성기관이기도 한 목, 목구멍과 혼동되거나 심연 어딘가에서 목구멍으로 올라오는 무언가 그 자체가 된다. "나는 그의 목(구멍)이 아프다, 피할 수가 없다. Georges의 목구멍. J'ai mal à sa gorge, je ne peux pas m'empêcher. La gorge de Georges."[11] OR은 문장에서 반복적으로 소리를 내 리듬을 형성하며 나, 내 몸, 목구멍과 그의 목, 목구멍gorge, 아버지의 이름Georges을 꿰어 아버지의 목구멍을 그녀의 목구멍이자 어떤 목구멍 일반으로, 목소리를 글쓰기의 마르지 않는 값진 원천으로 표현해 낸다. 불어에서 '넘어지다', '떨어지다' 등의 뜻과 다양한 관용구를 가지는 동사 'tomber'(똥베)의 1인칭과 3인칭 활용형 'tombe'(똥브)는 명사 '무덤tombe'과 동일하게 쓴다. 이는 식수의 작품 제목 중 하나이기도 하다. '무덤'(똥브)은 바닥을 알지 못하는 구멍에서의 추락, 동動과 정靜의 비결정성, 텍스트의 결정 불가능성을 형성화한다. 목소리, 바닥을 알 수 없는 구멍, 그 소리 구멍으로 한없이 떨어지고 쉼없이 여럿이 솟아오르는 일을 통해 살아

남은 자의 애도가 쓰이고, 더불어 죽은 이들은 다양하고 변화무쌍한 삶을 살게 된다.

    글을 쓰기 위해, 글을 모르는 이들의 목소리, 희생된 자들의 고통, 말을 빼앗긴 혹은 한 번도 말을 가지지 못한 목소리를 듣기 위해, 식수는 자신의 언어로 들려오는 목소리를 성급히 얽어매지 않으며 모든 '낱말의 몸', 그 목소리에 귀 기울인다. 이것이 '태양의 극장Théâtre du soleil'의 작가이기도 한 식수가 타자의 목소리, 피해자들의 목소리를 써 내는 방법이며 역사를 쓰는 방법이다. 식수는 이와 같은 글쓰기를 실천하며 무의식의 심연에서 구체적 사회질서에 이르기까지 변화를 모색하는, 오염되지 않을 '꿈'을 쓰고 있다.

1 엘렌 식수, 「성차의 콩트」, 『성차 읽기』, Paris: Des Femmes, 1994, p. 56.

2 엘렌 식수, 『메두사의 웃음』, Paris: Gallimard, 1972, p. 39. [국역본(박혜영 옮김, 서울: 동문선, 2004), 9쪽]

3 같은 곳. [국역본, 10쪽]

4 같은 책, p. 54. [국역본, 46쪽]

5 엘렌 식수·카트린 클레망(Catherine Clément), 『새로 태어난 여성』, Paris: 10/18(Union générale d'éditions), 1975, p. 172. [국역본(이봉지 옮김, 파주: 나남, 2008), 168쪽]

6 같은 곳. [국역본, 168쪽]

7 같은 책, p. 173. [국역본, 169쪽]

8 엘렌 식수, 「무의식의 장에서 역사의 장으로(De la scène de l'inconscient à la scène de l'Histoire)」, in Françoise van Rossum-Guyon et Myriam Diaz-Diocartetz(éds.), 『엘렌 식수, 글쓰기의 길(Hélène Cixous, Chemins d'une écriture)』, Paris: PUV Saint-Denis, 1990, p. 19.

9 엘렌 식수, 『이브 탈주하다. 쇠락과 삶(Ève s'évade; Le ruine et la vie)』, Paris: Galilée, 2009.

10 엘렌 식수, 『메두사의 웃음』, p. 44. [국역본, 22쪽]

11 엘렌 식수, 『OR. 아버지의 편지(글자)들(OR. Les lettres de mon père)』, Paris: Des femmes, 1997, p. 69, 인용문에서 제목의 OR를 강조.

지은이

박영진

연세대학교에서 학부와 대학원을 마치고, 뉴욕 주립 대학교에서 미술사 석사학위를, 캐나다 토론토 대학교에서 라캉과 바디우에 관한 연구로 박사학위를 받았다. École de la Cause freudienne 소속 분석가와 교육분석을 했고, 정신분석가 브루스 핑크(Bruce Fink)와 수퍼비전을 하고 있다. 정신건강의학과 병동에서 임상을 했고, 한국예술종합학교 전문사 극작과에서 정신분석을 강의하고 있다. 학술지 Textual Practice(A&HCI)에 「앙드레 고르의 'D에게 보낸 편지' 읽기: 라캉과 바디우 사이」를, 학술지 Concentric(A&HCI)에 「반철학, 철학, 사랑: 무라카미 하루키의 '토니 타키타니' 읽기」를 게재했다. 저서에 『여자는 존재하지 않는다』, 『라캉, 사랑, 바디우』가 있고, 역서에 『라캉의 사랑』, 『비트겐슈타인의 반철학』(공역), 『메타정치론』(공역)이 있다. 현재 '라캉정신분석클리닉'에서 정신분석 임상을 실천하면서 분석가로 활동하고 있다.

이진이

서울대학교 불어불문학과에서 수학하고 현재 파리 대학교(舊 파리 7대학)에서 사뮈엘 베케트에 관한 박사학위논문을 준비 중이다.

박영옥

연세대 철학과에서 사르트르 철학 연구로 석사학위를, 프랑스 부르고뉴 대학에서 레비나스 철학 연구로 박사학위를 받았다. 옮긴 책으로 미셸 앙리의 『물질 현상학』 및 『육화, 살의 철학』, 기욤 르 블랑의 『안과 밖: 외국인의 조건』, 『달리기』, 자크 랑시에르의 『역사의 형상들』, 모리스 블랑쇼의 『저 너머로의 발걸음』이 있다. 막심 로베르의 『스피노자와 그 친구들』을 옮기고 있다.

고해종

인문학 연구자, 연극 연출가. '연극으로 철학하기'를 과업으로 삼고 '철학극장'이라는 이름 아래 활동 중이다. 연세대학교 경제학과와 동국대학교 연극학과에서 공부했고 논문 「포스트드라마론의 실재 인식 비판: 주체의 역설과 드라마의 복권」으로 연극학 박사학위를 받았다. 라캉과 데리다를 상보적인 관계로 독해하고 그에 대한 상속의 사유로 알랭 바디우의 철학을 새기면서 예술철학과 미학 분야의 연구를 수행하는 한편, 그러한 연구를 바탕으로 창작활동을 지속하고 있다. 「데리다와 현대 연극: 차연의 유사-변증법과 드라마」, 「베르나르-마리 콜테스의 〈로베르토 쥬코〉와 악의 윤리학」, 「액체적 사랑의 윤리: 영화 〈팬텀 스레드〉의 사랑론」 등의 글을 썼고, 〈아Q정전〉, 〈부재중인 방〉, 〈오만한 후손들〉, 〈총독의 소리: 국민적 인간의 생산〉 등의 연극을 만들었다. 현재 단국대, 성신여대, 수원대, 한국외대에서 강의하고 있고, 데리다의 목소리론을 염두에 두고 〈비평의 마음〉이라는 제목의 연극을 준비하고 있다.

배지선

폭력과 트라우마, 부인, 부정, 억압, 검열과 통제를 넘어 역사를 다시 쓰면서는—'모(국)어'의 복합성, 말하는 존재와 모(국)어, 나아가 언어와의 관계에 깊이 연관된—주체적 기억과 집합적 기억을 연결하는 글쓰기와 언어의 생성과 생산 조건을 드러내는 논문으로 파리 8대학 젠더 연구 박사과정에서 학위를 받았다. 성폭력과 중언, (자전적) 글쓰기, 번역 등에 관한 글을 썼다. 학위과정, 보다 근본적으로는 낯선 언어에서 살아가는 경험을 통해 '글쓰기'라는 무한의 영역, 그 힘에 열중하게 되어 이를 주된 연구 영역으로 삼고 있다.

불가능한 목소리

초판 1쇄 발행일 2021년 10월 20일
지은이   박영진, 이진이, 박영옥, 고해종, 배지선

편집	조영아, 김민균
디자인	백지훈 (플래티넘 디자인 www.pltnm.kr)
인쇄	정원문화인쇄
펴낸곳	림보 프레스
등록번호	제2021-000036호
주소	04392 서울시 용산구 장문로 27
이메일	limbopress@naver.com
ISBN	979-11-975076-1-8 04800
	979-11-975076-0-1 (세트)
가격	9,000원

© 림보프레스, 2021

이 책은 저작권법에 따라 보호받는 저작물이므로 무단 전재와 복제를 금지하며, 이 책 내용의 전부 또는 일부를 이용하려면 반드시 림보프레스의 서면 동의를 받아야 합니다.

이 책은 인천광역시, (재)인천문화재단의 문화예술지원사업으로 선정되어 발간하였습니다.